Helmut Metz (Herausgeber)
Martin Hildebrandt
Friedhelm Teicke
Tom Unverzagt
Matthias von Viereck

Berlin

Kultur*ver*führer

10. aktualisierte Auflage

In dieser Reihe sind bereits erhältlich:
Dresden, Düsseldorf, Frankfurt/Main,
Hamburg, Köln, Leipzig, München, Ruhrgebiet,
Stuttgart, Wien

Helmut Metz Verlag

Adressen

F Fon
S S-Bahn
U U-Bahn
B Bus
T Tram
Ö Öffnungszeiten
E Eintrittspreise
M E-Mail
I Internet

Inhalt

Liebe Leserinnen und Leser,

Berlin ist nicht nur politisch, sondern auch kulturell die wichtigste, innovativste, kreativste, widersprüchlichste und aufregendste Stadt Deutschlands.

Die breit gefächerte Theaterszene ist ein Spiegelbild des gesellschaftlichen Status Quo – von harmlos-heiter bis provokant, von bieder bis dekadent, von Kleinkunst bis Mainstream.
Die Musik, von Rap bis Rattle, hat Weltklasse, die Museumsinsel verdient das Etikett „Weltkulturerbe“ im eigentlichen Wortsinn mit vollem Recht. Clubbing, Livemusik und Bluenotes degradieren das Nachtleben anderer „Metropolen“ zur provinziellen Posse, die Galerien- und Literaturszene ist so vielfältig und flüchtig wie die Trends, die sie aufgreift.

Die Kultur in Berlin führt kein isoliertes Eigenleben. Sie ist vielmehr die Fortsetzung und pointierte Darstellung des Lebens in dieser Weltstadt, die wie kaum eine andere die Berechtigung und Pflicht zur Aufarbeitung der Historie und zur Bespiegelung der aktuellen gesellschaftlichen Entwicklung hat.

Und sie ist schwer zu greifen. Dieser Kulturverführer, auf allen Bühnen zu Hause, versucht wieder einmal, seinen Lesern im kulturellen Dschungel Anregungen und Impulse zu geben – ohne erhobenen Zeigefinger, sondern mit der feuilletonistischen Leichtigkeit, die die Grundvoraussetzung für Genuss und Freude ist.

Lassen Sie sich verführen.

Herzlichst Ihr

Helmut Metz

THEATER

Berlin ist die deutsche Theaterhauptstadt. Hier befinden sich Spielstätten für jeden Geschmack: von der soliden Bühnenästhetik der Staatstheater bis zum Brachialtheater eines Frank Castorf.

Berliner Ensemble

Bertolt-Brecht-Platz 1
Mitte
F: 284 08-155 (Karten), 284 08-0
S & U: Friedrichstraße
E: 5-30 €, erm. 7 €
I: www.berliner ensemble.de

Von Brecht bis Peymann: Politisches Theater mit Tradition agiert im Regierungsviertel als „Speerspitze der Aufklärung"

Er ist eine Theaterlegende und stets streitlustig: **Claus Peymann** sieht Theater immer auch einen politischen Ort, an dem Missstände in der Gesellschaft angeprangert werden sollen. Als regieführender Intendant am Schauspielhaus Bochum und am Wiener Burgtheater hat er Theatergeschichte geschrieben. Seit 1999 ist er Intendant des Berliner Ensembles und setzt entgegen dem Zeitgeist auf antiquierte Interpretationen klassischer Stücke.

Seit 1999 führt Claus Peymann das Zepter an dem wohl berühmtesten Theaterhaus der Stadt. Vielleicht wird er das bis in alle Ewigkeit tun, denn als Gesellschafter der nach der Wiedervereinigung Deutschlands vom Staatstheater der DDR in ein Privattheater umgewandelten Bühne kann er seinen Vertrag nach Gutdünken selbst verlängern. Der streitfreudige Regisseur sieht sich inzwischen als „Bewahrer der alten Dramatiker", also als eine Art Museumsdirektor. Manche meinen, das sähe man seinen ästhetisch altbackenen Inszenierungen auch an. Peymann selbst beschreibt sein Konzept als „Theater gegen den Zeitgeist, verbunden durch eine gemeinsame politische und ästhetische Idee".

Auch wenn die Kritiker mäkeln, das Berliner Ensemble (BE) ist stets gut besucht. Das hat viel mit seinem Gründer zu tun: Bertolt Brecht. Der Dramatiker machte das Theater am Schiffbauerdamm weltbekannt und zum legendärsten in Berlin. Hier wurde 1928 die „Dreigroschenoper" uraufgeführt, mit der Brecht über Nacht berühmt wurde. Nach dem Zweiten Weltkrieg zog er mit dem 1949 von ihm und Helene Weigel gegründeten Berliner Ensemble an den Schiffbauerdamm, wo er Modellinszenierungen seiner eigenen Werke entwickelte.

Michael Thalheimer unternimmt in „Faust 1" eine harsche Analyse des Beziehungsgeflechtes zwischen Gretchen, Faust und Mephisto, gespielt von Regine Zimmermann, Ingo Hülsmann und Sven Lehmann

An die Ära Brecht will Peymann gerne anknüpfen, obwohl der Autor nicht zu seinen Favoriten zählt. Auch für Heiner Müller, der in den 1990er-Jahren Intendant am BE war und dessen legendäre „Arturo Ui"-Inszenierung immer noch gespielt wird, sieht es nicht gut aus: Müllers Stücke kann Peymann überhaupt nicht leiden. Er inszeniert lieber Werke österreichischer Autoren wie Thomas Bernhard und Peter Handke. Es ist ein Theater, das sich explizit politisch versteht, aber ästhetisch niemanden mehr irritiert. „Musterexponate des Museums für politisches Theater", nennt das das Fachblatt „Theater heute". Der amerikanische Designtheaterstar Robert Wilson gehört zu den Hausregisseuren.

Deutsches Theater und Kammerspiele

Schumannstraße 13a
Mitte
F: 284 41-221, 284 41-225 (Theaterkasse)
S & U: Friedrichstraße
E: 4-48 €, erm. 9 €
I: deutschestheater.de

Stars, Stücke, Staatstheater: Große Namen aus Vergangenheit und Gegenwart verbinden sich mit Tradition, Würde und Innovation zur Klassikerpflege

Sage niemand, Theater bewirke nichts. Einst hatte es sogar das Zeug dazu, am Sturz eines ganzen Staatssystems mitzuwirken. 1989: Heiner Müller probt am Deutschen Theater

(DT) seine achtstündige Montage „Hamlet/Maschine". Draußen bricht derweil die „erste friedliche, deutsche Revolution von unten" aus. Shakespeares „Hamlet" wird plötzlich zum Subtext der Revolte, der klaffende Riss zwischen zwei Epochen fordert Auseinandersetzung: Vorbereitung und Erfolg der inzwischen legendären regimekritischen Großdemonstration auf dem Alexanderplatz am 4. November 1989 gehen wesentlich auf das Konto der Theaterleute aus der Schumannstraße.

Solch heroische Zeiten sind inzwischen lange vorbei. Seit 2009 versucht der vormals am Hamburger Thalia Theaters sehr erfolgreiche Ulrich Khuon das Haus als „ein zartes Gespinst aus sehr verschiedenen Handschriften" (Khoun) im Diskurs der Stadt zu verankern. Neben Klassikerpflege – Arbeitsauftrag eines deutschen Staatstheaters – ist er bestrebt zeitgenössische Autoren vorzustellen, was in den jährlichen „Autorentheatertagen" seinen größten Niederschlag findet.

Große Namen sind mit der Geschichte des 1850 als Friedrich-Wilhelm-Städtisches Theater eröffneten Staatstheaters in der Schumannstraße verbunden: Prinzipale wie Otto Brahm, Max Reinhardt und Wolfgang und Thomas Langhoff. Regisseure wie Alexander Lang, Jürgen Gosch, Dimiter Gotscheff, Andreas Kriegenburg und Michael Thalheimer. Schauspieler wie Jörg Gudzuhn, Ulrich Mühe und Ulrich Matthes, Schauspielerinnen wie Inge Keller, Käthe Reichel, Maren Eggert und Nina Hoss. Das Ensemble erstrangiger Schauspieler bleibt ein Pfund des DT, es gehört nach seinem Selbstverständnis zur Creme de la Creme der deutschen Schauspielkunst. Mitunter stehen die Schauspielerinnen hier auch mal nicht auf der Bühne sondern Modell: Die Zeitschrift „Brigitte" fotografierte mit ihnen die neue Herbstkollektion.

Maxim Gorki Theater

Im kleinsten der Berliner Staatstheater ist mächtig viel los: Stars, Stücke, Nachwuchs – und Mut zum Experiment

Am Festungsgraben 2
Mitte
F: 202 21-115 (Karten), 202 21-0
S, U & B: 100, 200, Friedrichstraße
E: 10-32 €, erm. 9 €
M: ticket@gorki.de
I: www.gorki.de

Fast versteckt zwischen Humboldt-Universität, Neuer Wache und Deutschem Historischen Museum liegt Berlins kleinstes Staatstheater. Doch viel Großes ist in dem Gebäude entstanden, seit es zwischen 1823 und 1827 nach Entwürfen von Schinkel als Heimat der „Berliner Singakademie" errichtet wurde. Intendanten wie Albert Hetterle, Bernd Wilms und zuletzt Armin Petras haben mit ganz unterschiedlichen Konzepten gezeigt, dass in seiner klassizistischen Fassade ein ganz heutiges Herz steckt. Wenn Shermin Langhoff, die erfolgreiche Leiterin des Ballhaus Naunynstraße, ab der Spielzeit 2013/14 das Haus übernimmt, wird eine neue Gegenwärtigkeit dazukommen: Ein Theater, dass sich seinem postmigrantischen Umfeld in einer Metropole wie Berlin programmatisch bewusst ist. Damit

knüpfen Shermin Langhoff und ihr Dramaturg Jens Hillje an die Traditionslinie des Gorki als Gegenwartstheater an und so steht Berlin das erste interkulturelle Ensemble Deutschlands ins Haus.

Mit Shermin Langhoff verbindet sich auch eine personelle Tradition zu dem im Zweiten Weltkrieg stark zerstörten Haus, das nach dem Wiederaufbau ab 1946 dem „Haus der Kultur der Sowjetunion" als Theatersaal diente und 1952 seinen heutigen Namen erhielt: Sie ist die Schwiegertochter von Thomas Langhoff, der hier 1988 Volker Brauns „Übergangsgesellschaft" inszenierte, ein Symbolstück der zerfallenden DDR.

Bis 2013 sorgt weiterhin Armin Petras als Intendant am Gorki für Wirbel. Dem auch als Dramatiker unter dem Namen Fritz Kater wirkenden Theatermann gelang seit Beginn seiner Ära 2006 mit seinem ausgewogenen Mix aus Klassikerinszenierungen und Experimenten ein Zuschaueranstieg von knapp zehn Prozent. „Ein Theater der Schauspieler" zu sein, darauf legt man großen Wert. Die Pflege des kleinen Ensembles und zugleich die Entdeckung neuer Talente ist deshalb Programm. Letzteren dient vor allem die zweite Spielstätte zur Profilierung, das 99 Zuschauer fassende Gorki Studio. Schauspiel-Stars wie Anja Schneider, Regine Zimmermann und Peter Kurth gehören zum Ensemble der Bühne, auf der durch die Jahre und politischen Systeme bereits Künstler wie Ernst Busch, Olga Tschechowa, Heinz Rühmann und Harald Juhnke standen.

Armin Petras Dramatisierung des berühmten Tolstoi-Romans „Anna Karenina" zeigt in Jan Bosses Inszenierung mit Fritzi Haberland und Milan Peschel einen bitteren Reigen der Gefühle

Schaubühne am Lehniner Platz

Peter Stein machte sie weltberühmt, seine Nachfolger setzen auf Tanz und Theater – zeitgenössisch, berühmt und heftig

Kurfürstendamm 153
Wilmersdorf
F: 89 00 20, 89 00 23 (Karten)
U: Adenauerplatz
B: 109/110/M19/M29
E: 7-43 €, erm. 9 €
M: ticket@schaubuehne.de
I: www.schaubuehne.de

An diesem Ort wurde und wird Theatergeschichte geschrieben. Und das meist heftig. „Von den individuell-existenziellen und gesellschaftlich-ökonomischen Konflikten des Menschen in dieser Welt" will der künstlerische Leiter Thomas Ostermeier erzählen, seit er 1999 die legendäre Bühne übernommen hat.
Drei Jahre zuvor hatten in Berlins Mitte zwei Spielstätten eröffnet, die schon nach wenigen Monaten von den Kritikern als die Theater der kommenden Generation gefeiert wurden. Die künstlerischen Köpfe waren Thomas Ostermeier in der Baracke, einer Nebenspielstätte des DT, und Sasha Waltz in den Sophiensaelen mit ihren Dramaturgen Jens Hillje und Jochen Sandig, allesamt damals um die Dreißig. Ihr kometenhafter Aufstieg kulminierte in der Übernahme der altehrwürdigen Schaubühne. Und die hatte frischen Wind bitter nötig.
Gegründet wurde die Schaubühne 1962 am Halleschen Ufer, 1970 kam Peter Stein mit seinen Schauspielern aus Bremen – und damit brach eine glänzende Zeit des Theaters an: jede Inszenierung eine ästhetische Errungenschaft. Als die Räume am Halleschen Ufer zu eng wurden, zog das Ensemble 1981 in den Mendelssohnbau am Lehniner Platz. Das Haus verfügt nun über drei Säle, die unabhängig voneinander und zusammen genutzt werden können. 1985 verließ Stein die Schaubühne, seine Nachfolger Luc Bondy und Jürgen Gosch verwalteten mehr den Mythos, als dass sie an alte Klasse heranreichten.
Ihnen folgte 1992 Andrea Breth als neue künstlerische Leiterin. Mit ihren Inszenierungen von Ibsens „Hedda Gabler" und Tschechows „Möwe" sorgte sie für heiß diskutierte Glanzlichter in der Berliner Theaterszene. Nach Breths Abgang dümpelte die Schaubühne führungslos vor sich hin, bis Ostermeier und Waltz das Haus übernahmen. Programmatisch machten sie Tanz und Schauspiel zu gleichberechtigten Partnern und entstaubten das fast vergessene Mitbestimmungsmodell der Schaubühne. „Für uns ist das utopische Moment des Theaters die Idee des Ensembles", erklären sie. Die Utopie hielt nur fünf Jahre, Sasha Waltz arbeitet mit ihrer Compagnie nun wieder frei. Ihre Schaubühnen-Inszenierungen sind gleichwohl im Repertoire geblieben. Und auch das Schauspiel hat inzwischen seine Stars: Jule Böwe, Katharina Schüttler und Lars Eidinger. Inzwischen taucht mitunter auch die eine oder andere Schauspielgröße der „alten" Schaubühne wieder am Lehniner Platz auf: Tina Engel etwa oder Jutta Lampe.

In der Theaterfassung von Döblins Roman „Berlin-Alexanderplatz" lässt Regisseur Volker Lösch in der Schaubühne neben Schauspielern wie Sebastian Nakajew (als Franz Biberkopf, Foto) auch Strafgefangene mitspielen

Volksbühne

Sex, Video und Schmuddellust: Frank Castorfs berühmtes Brachialtheater agiert zwischen Pop, Politik und Voodoo

Linienstraße 227
Mitte
F: 240 65-5,
240 65-777 (Karten)
S: Alexanderplatz
U: Rosa-Luxemburg-Platz
M: info@volksbuehne.de, ticket@volksbuehne-berlin.de
I: www.volksbuehne-berlin.de

Frank Castorfs Kunsttempel ist alles andere als ein Ort der Heiligkeit. Er zieht mit seinem Brachialtheater überwiegend junge Leute zwischen 18 und 35 an. „Das Schlimmste am Theater ist für mich die totale Verwechselbarkeit", sagt Castorf. Nun, austauschbar ist seine Volksbühne vom Spielplan bis zur Ästhetik kaum. Im Gegenteil, ist sie für viele doch der beste Beweis, wie sich das gute alte Medium Darstellungskunst mit dem Theater in die Gegenwart retten lässt. Die Volksbühne unter dem Meister des Stückezertrümmerns und Neureflektierens ist eben ein sehr offenes, experimentierfreudiges Theater. Und das Schmählichste, was man dem Chef vorwerfen kann, ist, dass sein Theater „richtig" sei: „Wenn im Theater etwas richtig ist, ist es schon überflüssig, weil es nur noch langweilt." Dabei langweilt er bisweilen selbst mit seinen tendenziell immer längeren Inszenierungen. Aber er versucht, bewusst zu langweilen, um eine bestimmte Wirkung zu erzielen, um wieder aufzuschrecken. Darin ist er ein großer Meister.

Mit Sophie Rois, Kathrin Angerer, Fabian Hinrichs und Alexander Scheer verfügt Castorf über ein beträchtliches Arsenal an Ausnahme-Schauspielern, das jedes normale Stadttheater sprengen würde. Aber Castorfs Brachialtheater braucht auch hervorragende Protagonisten. Es interessiert nicht die Authentizität psychologischer Figuren, es geht um die Authentizität der Person. Das Volksbühnenkonzept verlangt, dass ein Schauspieler „all das Darstellungsmaterial von der griechischen Tragödie über die Commedia dell'Arte bis zum Stuntman abrufen können" muss.

Jedoch macht Castorf bereits seit 1992 Sturm am Rosa-Luxemburg-Platz. So trat zuletzt ein wenig Leerlauf ein, etliche Kritiker schienen Castorfs Volksbühne bereits auf ihrer Abschussliste zu führen. Doch Castorf blieb souverän: „Man muss dem ersten Sturm auch mal eine Pause gönnen", sagt er. „Dann kommt die Kraft wieder. Sonst kommt dieses ängstliche, kleine Theater raus." Und er sollte Recht behalten: In der Spielzeit 2011/12 waren gleich drei Volksbühne-Inszenierungen zum Theatertreffen eingeladen.

Nicht unwesentlich am neuen Erfolg der Volksbühne beteiligt ist ein alter Star des Ensembles, der als Regisseur ans Haus zurückgekehrt ist: Herbert Fritsch. Der sorgte mit seinen aus Slapstick, Grimasse und Körperkomik geborenen Inszenierungen wie „Die (s)panische Fliege" und „Murmel Murmel" für von Kritik und Publikum zugleich gefeierten Repertoirerennern.

Selbst in Frank Castorfs an großartigen Schauspielern reichen Volksbühnen-Ensemble ragte **Herbert Fritsch** durch seinen expressiven, aberwitzigen Stil heraus. Als Regisseur verdankt ihm die Volksbühne nun Repertoire-Hits, die statt auf intellektuelle Dekonstruktion auf Spielwitz, Slapstick und Körperkomik setzen. Parallel zur Theaterarbeit arbeitet Fritsch als Medienkünstler.

Alle Adressen und Infos finden Sie im Register ab Seite 179.

Weitere Theater

Vom zeitkritischen Volkstheater bis zum Staatsballett: Die Bandbreite der Bühnen lässt kaum Wünsche offen

Der Name **Renaissance-Theater** ist eigentlich ein Etikettenschwindel. Statt Baukunst aus dem 15. Jahrhundert findet sich hier Art déco. Aber was für welche. Das Renaissance-Theater gilt als „Juwel der Theaterbaukunst" und wartet mit einem Superlativ auf: Es ist das einzige Art-déco-Theater Europas. Kein anderes europäisches Theater kann heute noch mit einer komplett erhaltenen Innenausstattung aus den 20er Jahren des vergangenen Jahrhunderts aufwarten. Diese waren auch die große Zeit der Bühne an der Knesebeckstraße, als Theodor Tagger alias Ferdinand Bruckner sich als Hausherr um die Aufführung zeitgenössischer Dramen kümmerte. Heute besteht das Repertoire aus gehobenem Unterhaltungstheater zwischen Kabarett und Komödie.

Populär wurde **Dieter Hallervorden** als tollpatschige Sketchfigur „Didi", was dem studierten Romanisten bei der Anerkennung als Künstler mitunter im Wege stand. Hallervorden sieht sich selbst als Kabarettist und Schauspieler. Ersteres lebt er seit gut 50 Jahren als Chef der Kabarettbühne „Die Wühlmäuse" aus, letzteres seit er 2009 das brachliegende Schlossparktheater als Bühne für gehobenes Unterhaltungstheater übernahm.

„Hier soll mein Geld begraben werden", erklärte der TV-Komiker Dieter Hallervorden und belebte im September 2009 das traditionsreiche Steglitzer **Schlossparktheater** auf eigenes Risiko und Rechnung neu. Immerhin wurde hier Theater-Geschichte geschrieben, als Teil der Staatlichen Schauspielbühnen wurden unter der Intendanz von Boleslaw Barlog die Klassiker der Moderne aufgeführt. Samuel Beckett inszenierte höchstselbst sein „Warten auf Godot" und Hildegard Knef feierte hier ihr Debüt. Nachdem der Unterhaltungskonzern Stage Entertainment kurzzeitig aus dem Haus ein Musicaltheater gemacht hatte, dann aber das Interesse verlor, stand es ein paar Jahre leer. Hallervorden setzt auf bekannte Namen wie Klaus Maria Brandauer und Katharina Thalbach und anspruchsvolles Unterhaltungstheater, vorzugsweise mit französischer Dramatik.

Eines der ältesten Privattheater Berlins ist die **Vaganten Bühne**. 1949 wurde das Kellertheater von christlich motivierten Amateuren gegründet. Heute wird statt religiöser Botschaft vor allem sozialrealistische Dramatik vermittelt. Dabei greift man gerne auf zeitgenössische, britische Theaterstoffe zurück, in denen es ja oft handfest zur Sache geht. Ihren größten Hit haben die Vaganten jedoch mit Shakespeare. Die Inszenierung von „Shakespeares sämtliche Werke (in 90 Minuten!)" ist ein Repertoirerenner sondergleichen.

Das **Kleine Theater** am Südwestkorso trägt seinen Namen durchaus zu Recht. Nur 99 Plätze umfasst der Zuschauerraum, 30 Quadratmeter hat der Bühnenraum. Man versucht sich im musikalischen Unterhaltungstheater und setzt berühmte Lebensläufe in Szene – wie die von Johnny Cash, Frida Kahlo oder Marilyn Monroe.

Die **Komödie** und das **Theater am Kurfürstendamm** gehörten in den theaterfreudigen 20ern einmal zum Imperium Max Reinhardts. Seitdem war und ist dort vor allem das Genre zu

Hause, bei dem die Pointe im Vordergrund steht: Boulevard. Man setzt auf die Zugkraft bekannter Namen: Waren das früher Grete Weiser, Nadja Tiller, Johannes Heesters sowie Harald Juhnke und Edith Hancke so sind das heute zum Beispiel Bastian Pastewka, Christoph Maria Herbst und Katja Riemann.

Zum **Staatsballett Berlin** zusammengefasst sind die Tanzcompagnien der Opernhäuser seit Januar 2004. Es verfügt über keine eigene Bühne, tanzt an der Deutschen Oper und an der Staatsoper Unter den Linden. Intendant ist ein Star der Ballettwelt: der Tänzer und Choreograf Vladimir Malakhov. Moderne Klassikerpflege ist der Auftrag, was tendenziell eher in Richtung Klassikeraufhübschung geht als zu experimentellen Arbeiten. Das Berliner Ballett besteht aus 88 Tänzerinnen und Tänzern und hat mit der jungen Russin Polina Semionova als Erster Solotänzerin bereits einen selbst gemachten Star.

Dass das Staatsballett auch anderes kann als das gute alte Klassische Ballett zu pflegen, zeigt die aberwitzige Choreografie „The Open Square“, eingerichtet von dem international gefeierten Choreografen Itzik Galili aus Israel

Hebbel am Ufer (HAU)

Keine Lust auf „Kunstkacke“: Das Kreuzberger Theaterkombinat der anderen Art sucht die Reibung an der Realität

HAU 1, Stresemannstraße 29, Kreuzberg
HAU 2, Hallesches Ufer 32 Kreuzberg
HAU 3, Tempelhofer Ufer 10, 2. HH, Kreuzberg
F: 25 90 04-0, 25 90 04-27(Kasse)
S: Anhalter Bahnhof
U: Möckernbrücke/ Hallesches Tor
E: je nach Veranstaltung 11-18 €, erm. 7 €
M: info@hebbel-am-ufer.de
I: www.hebbel-am-ufer.de

Der Zusammenschluss dreier Kreuzberger Bühnen zum Theaterkombinat Hebbel am Ufer (HAU 1, 2 und 3) begann 2003 mit einer Überwältigung. Matthias Lilienthal, Frank Castorfs ehemaliger Chefdramaturg an der Volksbühne, begründete ein Theater, das wie ein permanenter Festivalbetrieb funktioniert, keine genre- und kulturellen Grenzen kennt und eine kalkulierte Überforderung der Zuschauer ist. Folgerichtig beendete Lilienthal seine Ära im Sommer 2012 mit einer alle Formen und Zeiten sprengenden Marathon-Performance, die viele der Künstlergruppen vereinte, die seine Intendanz mitprägten: Er schickte sein Publikum zu einem 24-stündigen „Unendlichen Spaß“ (nach David Foster Wallace Roman) , auf eine an die Substanz gehende theatrale Reise durch die Stadt.
Wenn im November 2012 das HAU unter der Leitung einer Frau neueröffnet, hängt die Latte also hoch. Doch Annemie Vanackere hat als Intendantin seit 1995 die Rotterdamer Schouwburg geleitet hat, ein Produktionshaus und Festivalort von internationalem Rang. Sie hat also genug Kontakte und Erfahrung, um sich davon nicht beeindrucken zu lassen: „Alle erwarten, dass es ein Desaster wird“, sagt die aus Belgien stammende Theaterfrau, „das ist ein guter Ausgangspunkt: Da kann es nur besser werden.“
Diesen abgeklärten, selbstironischen Blick teilt sie mit ihrem Vorgänger, der keine „Kunstkacke“ mochte, sondern sich lieber an der „Realitätskacke“ rieb. Lilienthal führte seine Häuser in neue, experimentelle und nach herkömmlichem Maßstab theaterfremde Gefilde und bekam gleich in der ersten Saison dafür die Quittung: Das HAU wurde zum Theater des Jahres 2004 gewählt. Es folgten mehr als 1.000 Produktionen, rund 120 pro Jahr - und das mit einem Budget von 4,6 Millionen Euro. Das sind auch die Mittel, mit denen Vanackere wirtschaften muss, was nur dank internationaler Vernetzung und durch Ko-Produktionen geht. Vanackere wird die HAU-Bühnen als Häuser für interdisziplinäre Kunst weiterführen, und versuchen, ein unter Freien Bedingungen bislang kaum mögliches Repertoiretheater aufzubauen. Erfolgreiche Stücke sollen nach Möglichkeit länger und öfter gespielt werden können, als wie bislang nach der ersten Aufführungsserie wieder zu verschwinden.
Das HAU 1 war als Hebbel-Theater von 1989 bis 2003 einer der bedeutendsten Berliner Veranstaltungsorte für junge, internationale, experimentelle und innovative darstellende Kunst. In dem 1907/08 errichteten Theaterhaus pflegte Intendantin Nele Hertling den regen Kontakt mit Künstlern wie Robert Wilson, Laurie Anderson, Steve Reich, Robert Lepage und Peter Sellars.

Einfach mehr Kultur erleben

TheaterGemeinde**Berlin**

Fotos: drama-berlin.de

25 Euro
Startguthaben für „Kulturverführte" *

- **Bis zu 40% ermäßigte Eintrittskarten**
- **Monatliches Spielplan-Magazin**
- **Freie Wahl aus über 900 Veranstaltungen**
- **Kartenzusendung per Post**
- **Probenbesuche, Preisverleihungen, Kuratorenführungen...**
- **Vergünstigungen in Museen, Kinos und Restaurants**

Weitere Informationen unter:
www.tg-berlin.de/kulturverfuehrer
oder Telefon: 030-21296300

TheaterGemeinde**Berlin**

* Dieses Angebot gilt für Leser des Kulturverführer unter Angabe des Gutscheincodes: KVF 12/13

Das deutsch-englische Performance-Kollektiv Gob Squad setzt im HAU 1 Kinder in eine Vitrine und lässt sie ihre Zukunft als Erwachsene spielen. Das gelingt so großartig, dass die Produktion zum Theatertreffen 2012 eingeladen wurde.

Auch das Theater am Halleschen Ufer, jetzt HAU 2, hat eine große Geschichte. Hier residierte die legendäre Schaubühne am Halleschen Ufer. Nachdem diese 1981 in ihre neue Spielstätte am Lehniner Platz umgezogen war, verlor die Bühne schnell an Bedeutung. Mit einem angestaubten Brecht-Konzept produzierte die Theatermanufaktur am Halleschen Ufer zwischen 1981 und 1993 vor allem künstlerischen Leerlauf. Als Haus der freien Gruppen wurde erst unter dem künstlerischen Leiter Zebu Kluth für andere Sichtweisen gesorgt, später avancierte die Spielstätte zu einer der besten Adressen für zeitgenössischen Tanz in der Stadt. Nicht unschuldig daran war der Tanzdramaturg Björn Dirk Schlüter, der nach Kluths Weggang sein Nachfolger wurde.

Das HAU 3 war als Theater am Ufer die Wirkungsstätte des Teatr Kreatur von Andrej Woron, dessen Ansatz lange zu den aufregendsten der freien Szene gehörte. Einladungen zum Theatertreffen, umjubelte Tourneen um die halbe Welt und Fernsehfassungen der Stücke zeugen davon.

Sophienstraße 18
Mitte
F: 283 52 66 (Karten)
S: Hackescher Markt
U: Weinmeisterstraße
E: je nach Veranstaltung
M: info@sophiensaele.com
I: www.sophiensaele.com

Sophiensæle

Grenzgänger und Netzwerker: einer der wichtigsten Orte für freies Theater – ambitioniert und augenzwinkernd

In einem alten, 1904 erbauten und denkmalgeschützten Handwerkervereinshaus führen ein paar Theaterenthusiasten erfolgreich den Beweis, dass das Theater nicht tot ist. Es ist nur höchste Zeit für neue Sichtweisen. Dass es die gibt, zeigen die Sophiensæle beständig seit dem Herbst 1996. Mit der heute legendären Produktion „Allee der Kosmonauten" von Sasha Waltz & Guests begann dort das ganze Theater. Schnell werden auch die Sophiensæle zu einem der wichtigsten Orte für freies Theater. Es sind vor allem Grenzgänger zwischen den Genres, die das Profil der Spielstätte prägen. Theatermacher, die die Sparte Schauspiel nie isoliert betrachten, sondern durch verschiedenstes szenisches Material Dialogdramaturgien neu- und weiterentwickeln: bildende Kunst, Performance, Tanz, Licht und Video. Die Regisseure und Choreografen entwickeln

Zwischenmenschliche Apbträume auf dem Flokati-Teppich: Auf der Performance Plattform „Body Affects" der Sophiensaele wurde 2012 die brasilianisch-argentinische Zusammenarbeit „Monstrous Nature" gezeigt

zusammen mit ihren Darstellern im Prozess der Proben eigene Stoffe und Erzählweisen.
Nachdem Sasha Waltz und Jochen Sandig 1998 als künstlerische Leiter ins Team der neuen Schaubühne wechselten, übernahmen Amelie Deuflhard, später Heike Albrecht und Franziska Werner (seit 2011) die Führung. Ein wichtiger Schwerpunkt ihrer Arbeit ist die Nachwuchsförderung, mit den Festivals „Tanztage“ und „Freischwimmer“ gibt es dafür wichtige Module, die auch national und international sehr gut vernetzt sind.

Im Festsaal des ehemaligen Handwerkervereinshaus feiert heute mit den Sophiensaelen avantgardistisches Theater fröhliche Urstände

Theater unterm Dach

Klein aber fein: wo Bühnentalente erste Funken schlagen und nebenbei Theatergeschichte geschrieben wird

Danziger Straße 101
Prenzlauer Berg
F: 902 95 38 17
U: Eberswalder Straße
T: 2/3/4/20
E: 8 €, erm. 5 e
M: theaterunterdach@gmx.de
I: www.theaterunterm dach-berlin.de

Nur 99 Plätze hat die kommunale Spielstätte des Bezirks Prenzlauer Berg. Ein Winzling verglichen mit den prächtigen Etablissements des Guten, Wahren und Schönen wie dem Deutschen Theater und dem Berliner Ensemble. Während die Aufmerksamkeit des Feuilletons sich bevorzugt auf die Bühnen mit den großen Regie- und Schauspielernamen richtet, beginnt unter dem Giebel des Hauses am Ernst-Thälmann-Park heimlich, still und leise so manche große Karriere, etwa die von Corinna Harfouch. In den frühen Jahren des Theaterchens unterm Dach spielte die Kino- und Bühnendiva in Stücken des Ostberliner Autors Lothar Trolle vor überschaubarem Publikum. Auch sonst hat sich die kleine Bühne als Durchlauferhitzer und Förderer bemerkenswerter Talente erwiesen: Sebastian Hartmann, seit 2008 und noch bis 2013 Intendant des Schauspiels Leipzig, Astrid Griesbach mit ihrem Theater des Lachens, Jan Jochymski mit seiner Gruppe TheaterschaffT. Alles Jung-Regisseure, die im freien Theater anfingen und heute erfolgreich zwischen On (Stadttheater) und Off pendeln. Das Theater unterm Dach, in Szenekreisen kurz und durchaus liebevoll TuD genannt, macht es sich wei-

Unter dem Giebel des Kulturzentrums im Ernst-Thälmann-Park befindet sich mit dem Theater unterm Dach die einzige kommunale Bühne Berlins

terhin zur Aufgabe, junge Künstler zu unterstützen, die mit ihren Ansätzen zukunftsträchtig sind. Zuletzt hat hier die Gorki-Schauspielerin Anja Schneider ihr Debüt als Regisseurin gegeben.

Alle Adressen und Infos finden Sie im Register ab Seite 179.

Weitere freie Theater

Theaterboom trotz schwieriger Bedingungen: Auf den freien Bühnen der Stadt probieren sich Tanz, Performance und Puppenspiel aus

Die ökonomischen Bedingungen in der freien Szene sind hart wie eh und je, gleichwohl boomt das freie Theater. Circa 300 Produktionen kommen jedes Jahr, oft heillos unterfinanziert, zur Premiere. Manche Gruppen gelangen über die erste Arbeit nicht hinaus, andere warten seit Jahren beständig mit Inszenierungen auf. Doch nur wenige verfügen auch über eine eigene Spielstätte. Im **Ballhaus Ost** hat sich Anne Tismer ihren Traum vom selbstbestimmten Arbeiten erfüllt. Die Schauspielerin, gefeiert seit ihrer fulminanten Darstellung der Nora an der Schaubühne, gehört zum Gründungs- und Leitungsteam der Spielstätte in Prenzlauer Berg. Statt zahlreiche Angebote in Stadt- und Staatstheatern anzunehmen, geht sie auf volles Risiko. Dafür, sagt sie, „kann ich selbst entscheiden, welches Projekt ich entwickeln und mit wem ich zusammenarbeiten will." Zum Beispiel mit dem anarchischen Puppentheater Das Helmi. Die unkonventionelle Chaostruppe gehört zu den Stammgästen am Haus.

Im Hinterhaus der Naunynstraße 27 in Kreuzberg vermutet man eigentlich keinen Ballsaal mit Stuck und Resten freigelegter Ausmalungen aus dem 19. Jahrhundert. Seit 1983 befindet sich im **Ballhaus Naunynstraße** ein kommunales Theater, das seit Shermin Langhoff 2008 die Intendanz übernommen hat, über die Bezirksgrenzen hinaus für Aufsehen sorgt. Langhoff, geboren in der Türkei, aufgewachsen in Deutschland, hat der postmigrantischen Künstlerszene hier einen Ort gegeben, um ihre eigenen Geschichten zu erzählen. Das Überraschende war, dass hier Migranten keine brave Folklore erstellen, sondern aufregendes, irritierendes Theater machen, wie die Inszenierung „Verrücktes Blut", ein mehrfach preisgekrönter und zum Theatertreffen 2011 eingeladener Abend vom Regisseur Nurkan Erpulat und dem Dramaturgen Jens Hillje. Nachdem Shermin Langhoff zur Spielzeit 2013/14 als Intendantin ans Maxim Gorki Theater wechselt, übernehmen Wagner Carvalho, Kurator des brasilianischen Tanzfestivals „Move Berlim" im HAU, und der Dramaturg Tuncay Kulaoglu die Leitung der freien Spielstätte.

Das **Dock 11** in Prenzlauer Berg ist eine der wichtigsten Adressen der freien Tanzszene Berlins. Seit 1994 gibt es in dem von Wibke Janssen und Kirsten Seeligmüller geleiteten, historischen Fabrikkomplex altersbezogenen Tanzunterricht – für Laien und Profis, mit dem Schwerpunkt Moderner Tanz. Viele Produktionen des Dock 11 werden international gezeigt. Die Choreografen Martin Stiefermann, Isabelle Schad und Benoit Maubrey gehören mit ihren Arbeiten zum Stamm des Dock 11.

Für englischsprachiges Theater ist das **ETB – English Theatre Berlin** erste Adresse. Häufig sehenswerte Gastspiele und Eigenproduktionen vor allem englischsprachiger Dramatik und Gruppen bestimmen den Spielplan. Mit dem Umzug in ein größeres Haus auf demselben Gelände teilt man sich die Spielstätte nun mit dem renommierten Behindertentheater **Thikwa**.

Aus dem ehemaligen Orphtheater im Schokoladen ging als Spielstätte nach Wegfall der Fördermittel fürs Ensemble der **TISCH – Theater im Schokohof** hervor. In dem freien Experimentalraum finden sich Protagonisten der Off-Kultur bei Tanz, Lesung und Schauspiel ein.

Gewissermaßen als Aldi unter den Theatern fungiert der **Theaterdiscounter** im ehemaligen Ost-Berliner Fernmeldeamt nahe des Alexanderplatzes. Wie bei den Lebensmitteldiscountern soll die Ware schnell umgesetzt werden. Die Probenzeit beträgt maximal drei Wochen. Doch die Bühnenbilligheimer sparen nicht an der Qualität. Neue Texte, also Frischwaren, werden hier inszeniert.

Eine der ersten unter den wenigen freien Gruppen in der DDR war das Theater Zinnober, das seit der Wende als **Theater o. N.**

mit Mitteln des Schauspieler- und Puppentheaters immer wieder für aufregende Abende gut ist. Schon immer verfügt es über gute Verbindungen zu den Puppenspielern der renommierten Hochschule für Schauspielkunst „Ernst Busch“, wodurch hier auch gelegentlich Schauspielstudenten erste Fingerübungen zeigen.

Das **Theaterhaus Berlin Mitte** (THBM) hat sich in den vergangenen Jahren zu einem zentralen Berliner Produktionsstandort und einer Plattform für freie Theater- und Tanzschaffende entwickelt. Jährlich erarbeiten rund 2.000 Künstler bis zu 300 verschiedene Theater-, Tanz- und Musiktheaterprojekte, die zum überwiegenden Teil außerhalb des Hauses aufgeführt werden. Im Theaterhaus selbst, das inzwischen in der Wallstraße zu finden ist, werden rund 140 Veranstaltungen jährlich geboten.

Zur Eröffnung des Theaterhauses Berlin Mitte am neuen Ort waren sie dabei: das Theater Anu mit Teilen der poetischen Lichtinszenierung „Die große Reise“

Grips-Theater

In diesem Klassiker des Kinder- und Jugendtheaters wird mit „Linie 1“ & Co seit über 30 Jahren Mutmach-Theater betrieben

Altonaer Straße 22
Tiergarten
F: 397 47 40,
39 74 74 77 (Karten)
U: Hansaplatz
E: je nach Veranstaltung
M: info@grips-theater.de
I: www.grips-theater.de

Seit gut vier Jahrzehnten wird hier „Mutmach-Theater“ betrieben, und das verpflichtet. Aber auch wenn Grips-Chef Volker Ludwig 2011 nach 42 Jahren die künstlerische Leitung an Stefan Fischer-Fels abgegeben hat, kann er eigentlich die Ruhe weghaben. Schließlich steht sein renommiertes Kinder- und Jugendtheater für das berühmteste Berlin-Musical, die „Linie 1“. Das erfolgreichste deutsche Musical, was allein die Laufzeit und die Nachinszenierungen weltweit angeht, ist längst zum Klassiker geworden, der für viele Berlin-Besucher auf dem Kulturprogramm steht.

Und auch Fischer-Fels, der zuvor Intendant am Jungen Schauspielhaus Düsseldorf war, hat gleich in seiner ersten Spielzeit, dem Haus einen weiteren Knaller beschert: Söhnke Wortmanns Inszenierung des Stückes „Frau Müller muss weg“ ist ein Repertoirehit geworden – und das rasante Schauspiel von Lutz Hübner um einen Elternabend , der aus den Fugen gerät, ist ausdrücklich für Erwachsene inszeniert. Denn auch wenn das Grips seinem Kern treu bleibt, ein zeitgenössisches, realistisches Theater für Kinder und Jugend-

In Milan Peschels Inszenierung „Der Fischer und seine Frau“ geht im Theater an der Parkaue die Post ab, er macht aus dem bekannten Märchen übers Wünschen und Habenwollen eine Art Kindergeburtstag mit Konsumkritik. Eine pralle Dosis Spielspaß.

liche zu machen, wird der Abendspielplan für Erwachsene ausgebaut.
Seit das Grips-Theaters in den Zeiten der Studentenbewegung aus dem „Reichskabarett“ als „emanzipatorisches Kindertheater“ entstanden ist, hat es in dem Genre Maßstäbe gesetzt. Stücke wie „Ein Fest bei Papadakis“, „Max und Milli“ oder „Doof bleibt Doof“ wurden weltweit nachgeahmt und nachgespielt – in 1.500 Inszenierungen und vierzig Sprachen! Inzwischen verfügt man mit dem Grips Klosterstraße auch über eine zweite Spielstätte im Ostteil der Stadt. Die Stücke entstehen aus von Autoren, Regisseuren und Ensemble selbst recherchiertem Material. Vermutlich ist das Grips auch deshalb nach über 40 Jahren immer noch ganz nah dran an seiner Zielgruppe und straft den alten 68er-Spruch „Trau keinem über 30“ Lügen. Wie heißt es doch in einem ihrer Songs: „Dazu brauchts etwas Grips, weiter nix.“

Seine vielfach preisgekrönte Fußballfilme „Das Wunder von Bern“ und „Deutschland. Ein Sommermärchen“ lockten Millionen Zuschauer ins Kino. Doch **Sönke Wortmann** ist inzwischen auch als Theaterregisseur erfolgreich: Seine Inszenierung „Frau Müller muss weg“ gehört zu den Publikumsrennern am Grips-Theater.

Parkaue 29
Lichtenberg
F: 55 77 52-0, 55 77 52-52 (Besucherservice)
S & U: Frankfurter Allee
T: M13, M16, Rathaus Lichtenberg
E: 12 €, erm. 9 €, Kinder bis 12 J. 7 €
M: besucherservice@parkaue.de
I: www.parkaue.de

Theater an der Parkaue

Pädagogisch wertvoll und ästhetisch auf der Höhe des Zeitgeistes: Das größte Kindertheater Deutschlands pflegt Pop-Art und Ironie

Am Rande eines hübschen Parks an der Grenze zwischen Friedrichshain und Lichtenberg liegt das Theater an der Parkaue. 1950 wurde es als das Kinder- und Jugendtheater der DDR gegründet. Der damalige Name „Theater der Freundschaft“, den es bis 1990 tragen sollte, illustriert diese Herkunft. Nach der Wende wurde das Theater durch das Land Berlin übernommen, es ist mit seinen 420 Sitzplätzen das größte Kinder- und Jugendtheater Deutschlands.
Und auf denen ist es mitunter gar nicht idyllisch, sondern eine Menge los. Wenn auf der Bühne modellhaft überhöht Lebenswirklichkeit und Alltag des jugendlichen Zielpublikums behandelt werden, nehmen die kleinen und großen Zuschauer oft lautstark teil, äußern ihre Sympathien oder ihr Missfallen. Direkte Reaktionen, wie sie emanzipatorisches Kinder- und Jugendtheater provoziert, seit das Grips-Theater hier den weltweiten Standard gesetzt hat.
Doch von der Ästhetik des Grips, der direkten Konkurrenz, hat man sich weit entfernt, seit mit der Spielzeit 2005/06 Sascha Bunge (als Oberspielleiter) und Kay Wuschek (Intendant) das Zepter führen. Man macht keinen Unterschied, ob man sich an ein junges oder erwachsenes Publikum richtet und pflegt den ironischen Umgang mit Figuren und Genres wie er im Pop-Art-Theater der Erwachsenen längst zu Hause ist. Den „Räuber Hotzenplotz“ inszenieren hier die Performer von Showcase Beat Le Mot, „Max und Moritz“ die Künstlergruppe CHEAP. Die Verschiedenheit von Ästhetiken und Bühnenformen wird so erfahrbar gemacht.

Die Schaubude – Puppentheater Berlin

Jenseits vom Kasperl: Hier tanzen die Puppen und zeigen, dass Figurentheater beileibe nicht nur Kinderunterhaltung ist

Greifswalder Straße 81-84
Prenzlauer Berg
F: 423 43 14
S: Greifswalder Straße
E: 9,50-12,50 €, erm. 6-8 €, Kindervorstellungen: Kind 4 €, Erw. 6, erm. 5 €
M: ticket@schaubude-berlin.de
I: www.schaubude-berlin.de

Puppentheater? Schnell ist da die Schublade auf, auf der „Kindertheater" steht: Kasperle und Sesamstraße, kennen wir doch, kennen wir! Doch längst hat sich das Figurentheater von solch einfach gestrickten Puppen- und Konfliktmodellen emanzipiert. Die Schaubude, Untertitel: Puppentheater Berlin, zeigt häufig bemerkenswerte Beispiele eines Genres, das wirklich nicht nur zur Kinderunterhaltung gut ist.

Seit 1993 ist es die zentrale Spielstätte Berlins, speziell für freie Puppen- und Figurentheater, die sowohl von Berlinern als auch nationalen und internationalen Theatern genutzt wird. Sicherlich gibt es viele Kindervorstellungen, aber ebenso werden Produktionen für Erwachsene im Abendprogramm angeboten. Denn die künstlerische Leiterin Silvia Brendenal setzt offensiv und mutig reizende Experimente gegen das Vorurteil, Puppentheater sei Spiel mit dem Holzkopp. Die unbegrenzten Möglichkeiten der Liaison von bildender und darstellender Kunst zeigt ihr Spielplan, der auch international renommierte Künstler des Genres präsentiert wie den Australier Neville Tranter, Hoichi Okamoto aus Japan, Eric Bass aus den USA und Berliner Puppenspielerstars wie Hans-Jochen Menzel und Peter Waschinsky.

Daneben arbeitet das Haus mit der Abteilung Puppenspielkunst der renommierten Hochschule für Schauspielkunst „Ernst Busch" zusammen. Lehrende wie Studierende haben so die Möglichkeit, ihre Projekte und Ensemble-Inszenierungen unter professionellen technischen Bedingungen einer breiten Öffentlichkeit zu zeigen.

Der international erfolgreiche und mit zahlreichen Preisen ausgezeichnete Australier **Neville Tranter** beweist, dass Figurentheater beileibe nicht gleich Kindertheater ist. Ganz im Gegenteil. Das Theater des ungekrönten Königs der Puppenspielerzunft erzeugt ebenso brutale wie poetische Bilder, es konfrontiert sein erwachsenes Publikum mit den eigenen Ängsten und Trieben, personifiziert durch lebensgroße, sprechende Puppen. Tranters „Stuffed Puppet Theatre" gehört zu den Stammgästen der Schaubude.

Deutsche Oper Berlin

Im größten Opernhaus Berlins gibt es das breite Repertoire, namhafte Dirigenten und streitbare Regisseure

Bismarckstraße 35
Charlottenburg
F: 343 84 01, 34 38 43 43 (Karten)
U: Deutsche Oper, Bismarckstraße
E: 16-122 €, div. Erm.
M: info@deutscheoper-berlin.de
I: www.deutscheoper-berlin.de

Sie konnte behaupten, die weltweit bekannteste Inszenierung der Stadt in ihrem Repertoire zu haben. Nur hatte die kaum jemand gesehen. Intendantin Kirsten Harms sorgte im Herbst 2006 mit der zeitweiligen Absetzung der geplanten Wiederaufnahme von Hans Neuenfels' umstrittener Mozart-Oper „Idomeneo" wegen angeblicher Terrorgefahr für einen Skandal. Den Wirbel um die abgeschlagenen Prophetenköpfe im Schlussbild kann man als glänzende Marketingmaßnahme verstehen, nachdem das Landeskriminalamt seine Gefähr-

dungsanalyse korrigiert hat. Islamisten gehen anscheinend doch nicht in die Oper.

Mit der Spielzeit 2012/13 übernahm Dietmar Schwarz die Intendanz der Deutschen Oper Berlin. Er, wie bereits Harms, firmiert nicht mehr als Generalintendant wie alle ihre Vorgänger, allen voran Götz Friedrich, der das Haus bis 2000 19 Jahre lang geleitet hatte. Den „General" vor dem Intendantentitel verloren sie an die Opernstiftung, unter deren Dach die drei großen Berliner Opernhäuser seit 2004 zusammengefasst sind. Nur Chefdirigent Donald Runnicles darf sich weiter Generalmusikdirektor nennen und teilt sich nun mit dem Chef-Taktstockschwinger der Berliner Philharmoniker, Sir Simon Rattle, die Leitung der legendären „Ring"-Produktion von Götz Friedrich. Die sagenhafte Tetralogie steht seit 1984, natürlich mit Unterbrechungen, auf dem Spielplan der Deutschen Oper.

Schon immer haben an der Deutschen Oper namhafte Dirigenten gewirkt, von Bruno Walter über Furtwängler bis Karajan, von Lorin Maazel bis Karl Böhm. Ihre Geschichte reicht bis in die Gründerjahre. 1912 wurde an der Bismarckstraße das „Deutsche Opernhaus" der damals noch autonomen Stadt Charlottenburg eröffnet. Durch einen Bombenangriff wurde das Haus 1943 zu großen Teilen zerstört. Kurz nach Ende des Krieges nahm die Oper im September 1945 den Spielbetrieb wieder auf – im Theater des Westens. Erst 1961 wurde sie als „Deutsche Oper Berlin" in dem nach Plänen von Fritz Bornemann errichteten Neubau an der Bismarckstraße als jüngstes und größtes Berliner Opernhaus wiedereröffnet.

Seit 1991 ist **Daniel Barenboim** Generalmusikdirektor und Künstlerischer Leiter der Staatsoper Unter den Linden. Der Dirigent und Pianist leitete nur zwei Tage nach der Maueröffnung 1989 das erste Konzert der Berliner Philharmoniker für das Ostberliner Publikum. 1996 dirigierte er am Potsdamer Platz 19 Baukräne, die sich zu Beethovens „Ode an die Freude" drehten.

Komische Oper

Mit intelligentem Musiktheater und wohl dosierten, kleinen Skandalen – stets in deutscher Sprache – profiliert sich das kleinste der Berliner Opernhäuser

Behrenstraße 55-57
Mitte
F: 20 26 00,
47 99 74 00 (Callcenter)
S: Friedrichstraße,
Unter den Linden
U: Französische Straße
B: 100/200/348/TXL
E: 9-150 €
M: info@komische-oper-berlin.de
I: www.komische-oper-berlin.de

Als erste Amtshandlung räumte Intendant Barrie Kosky gleich in seiner ersten Spielzeit 2012/13 mit einer Tradition auf, die für das Profil der Komischen Oper immer entscheidend war: Es wird in Berlins kleinstem Operntempel nicht mehr unbedingt alles auf Deutsch aufgeführt. Immerhin stammt die Festlegung aufs deutsche Idiom von einem Säulenheiligen dieses Hauses: von Walter Felsenstein, dem Begründer der realistischen Opernregie. Die Erbmasse des Regietheaters wird Kosky natürlich nicht abschaffen, ist der Australier doch selbst Regisseur. Vor Felsenstein waren Operninszenierungen vor allem kostümierte Konzerte: Die Sänger standen nett dekoriert auf der Bühne herum und sangen. An der Komischen Oper beendete Felsenstein ab 1947 diese unselige Tradition und inszenierte Oper konsequent als Theater. Der Sänger musste wie ein Schauspieler glaubhaft in der Rolle sein und in seinem Ton: Das Singen

sollte aus der Emotion begründet sein. Felsensteins Meisterschüler Götz Friedrich, später Intendant der Deutschen Oper im Westteil der Stadt, Joachim Herz und Harry Kupfer führten dieses Konzept kongenial weiter.

Andreas Homoki, der das kleinste Haus in der Opernstiftung mit guter Hand für Stoffe und Regie hervorragend profilierte, 2007 wurde es zum „Opernhaus des Jahres" gewählt, hatte zu Beginn seiner Intendanz 2002 seinen heutigen Nachfolger aus Australien geholt. Barrie Koskys hatte mit Ligetis „Le grand macabre" sein europäisches Operndebüt und auch seinen Durchbruch auf dem europäischen Kontinent. Zu den weiteren Regisseuren des Hauses gehören so unterschiedliche Künstler wie Peter Konwitschny, Hans Neuenfels, Willy Decker und der katalanische Skandalregisseur Calixto Bieito.

Die Pflege des vertrauten Opernkanons sollte man von Kosky nicht erwarten, er hält von der Barockoper bis hin zum Musical potenziell alles spielplantauglich für das Haus, sogar eine

Nostalgischer Rückblick: Zum 60. Geburtstag der Komischen Oper inszenierte Intendant Andreas Homocki 2007 die Strauß-Operette „Die Fledermaus" eher routiniert als inspiriert

Rückkehr zur jüdischen Unterhaltungstradition, die bis zum Machtantritt der Nazis im Haus an der Behrenstraße gepflegt wurde. Musical gehörte freilich schon immer auch zum Profil der Komischen Oper: Götz Friedrich inszenierte hier 1970 eine legendäre Produktion von „Porgy und Bess" – mit Manfred Krug in der Hauptrolle des Sporting Life. Auch die Volksschauspielerin Brigitte Mira machte hier erstmals von sich reden. Heute aber heißen hier die Stars Stella Doufexis, Jens Larsen und Jochen Kowalski. Oder ausnahmsweise auch mal Thomas Gottschalk. Der ergänzte wegen einer verlorenen Wette einmal den Chor bei einer Vorstellung von Mozarts „Zauberflöte".

Neuköllner Oper

Karl-Marx-Straße 131-133
Neukölln
F: 688 90 70, 68 98 07 77 (Kasse)
S: Neukölln
U: Karl-Marx-Straße
E: je nach Veranstaltung 12-21€, erm. 9 €
I: www.neukoellner oper.de

Gar nicht elitär, sondern fleißig und lebensnah: Volksoper mit Spaß, Anspruch und einer Nachwuchsschmiede

Eine „Aida" mit dutzenden äthiopischen Gefangenen in Baströckchen, die zum Triumphmarsch hinter Kamelen über die Bühne tänzeln – so etwas wird man in dem einzigen privaten Musiktheater Berlins nicht sehen. Dabei wagt man sich hier durchaus an große Oper und auch schon mal an „Aida"

Ein munteres Musiktheater um das Dauerthema Liebesschmerz zeigt die Neuköllner Oper mit „Lovesick". „Geistreich, gallig, großartig", meint der „Tagesspiegel"

– aber anders: Verdis opulente Pharaonenoper wird auf eine, ökonomisch tragfähige, fünfköpfige Kammerbesetzung umarrangiert, die Handlung vom alten Ägypten in die Europäische Zentralbank verlegt und schildert den Euro-Zonen-Ausverkauf aus deutscher und griechischer Perspektive. „Yasou Aida" ist eine deutsch-griechische Koproduktion und ein aktuelles Beispiel, wie die Neuköllner Oper an Stoffe herangeht. Mit lebensnahen Inszenierungen aktueller Themen versteht sie sich als „Volksoper im besten Sinne", als Avantgarde mit Unterhaltungspotenzial. Ihr künstlerisches Spektrum reicht vom experimentellen, musikalischen Kammerstück bis zur großen Oper, von der klassischen Moderne über Mittelalterspektakel bis zu Operette und Musical.
Künstlerisch fährt man einen intelligenten Wechsel zwischen populären musikalischen Werken und experimentellen, anspruchsvolleren Stücken. Für junge Komponisten, Sänger und Sängerinnen sowie Musiker und Musikerinnen ist die Neuköllner Oper erste Adresse, mit dem Studiengang Musical/Show der UdK Berlin entstehen regelmäßig Ko-Produktionen. Studiengang-Professor ist der Autor und Regisseur Peter Lund, der bis 2004 zum Leitungsteam der Neuköllner Oper gehörte.

Staatsoper im Schiller Theater, Bismarckstraße 110 , Charlottenburg
F: 20 35 45 55 (Karten), 20 35 44 38 (Besucherservice)
U: Ernst-Reuter-Platz
E: 5-160 €, div. Erm.
M: tickets@staatsoper-berlin.de, besucher service@staatsoper-berlin.de
I: www.staatsoper-berlin.de

Staatsoper unter den Linden (im Schiller Theater)

Glanz und Gloria: Berlins ältestes Opernhaus pflegt ein breites Repertoire und mit Daniel Baremboim künstlerisches Renommee

Die älteste Oper, mehr noch, das älteste Theater Berlins überhaupt ist die Lindenoper. Seit über 250 Jahren werden hier Partituren musiziert und gesungen. Im Stil des preußischen Klassizismus wurde es als Hofoper Friedrichs des Großen 1743 fertig gestellt. Bis 1801 war das Haus dann ausschließlich dem Hofe und seinen Gästen vorbehalten. Das ist inzwischen natürlich längst anders, doch auch heute noch gibt sich die Staatsoper gerne festlich. Edle Gäste, ein breites Repertoire und Chefdirigent Daniel Barenboim sorgen für künstlerischen Glanz. Im Stammhaus unter den Linden ist der aber wegen umfassender und sich verzögernden Sanierungsarbeiten bis 2015 nicht möglich. Das Schiller Theater in Charlottenburg bietet dem ganzen stattlichen Brimborium solange Exil – in direkter Nähe zur Konkurrenz Deutsche Oper.
Die Lindenoper war in ihrer sehr langen Geschichte immer wieder Ort bedeutender Uraufführungen. Carl Maria von Webers „Freischütz" erblickte hier ebenso das Bühnenlicht der Welt wie Alban Bergs „Wozzeck". Alle Opern von Paul Dessau sind Unter den Linden uraufgeführt worden, und auch die Berliner Erstaufführungen von Verdi-Opern haben hier statt-

gefunden. Inzwischen verlegt man den Schwerpunkt statt auf Uraufführungen lieber auf Alte Musik und die so genannte Berliner Dramaturgie, also einen Rückgriff auf Stücke, die in der Vergangenheit für Berlin und die Oper wichtig waren.
Der Komponist Richard Strauss war bis 1918 königlicher Generalmusikdirektor, auch andere große Namen der Musikgeschichte sind mit der Lindenoper verbunden: der Tenor Richard Tauber, Otto Klemperer, Wilhelm Furtwängler und Ruth Berghaus. Nach dem Fall der Mauer wurde Daniel Barenboim Generalmusikdirektor. Die Musiker seiner Staatskapelle wählten ihn später zum Chefdirigenten auf Lebenszeit. Im Oktober 2010 hat Jürgen Flimm die Leitung der Deutschen Staatsoper übernommen, die er also vor allem im Schiller Theater erlebt. Immerhin machen Weltstars wie Maria Bengtsson, Plácido Domingo oder Rolando Villazón das Theaterprovisorium zur Kulturmetropole.

Friedrichstraße 101
Mitte
F: 47 99 74 99 (Karten)
S & U: Friedrichstraße
E: je nach Veranstaltung
M: mail@admiralspalast.de
I: www.admiralspalast.de

Admiralspalast

Wieder auferstandene Pracht: traditionsreicher Multifunktionsort des Genusses mit Comedy, Theater und Chanson

Der Admiralspalast am Bahnhof Friedrichstaße hat eine lange Geschichte. Er gehört zu den wenigen erhaltenen, großen Vergnügungsstätten Berlins aus den Anfängen des 20. Jahrhunderts. Im August 2006 wurde das jahrelang leer stehende Haus mit Klaus Maria Brandauers Inszenierung von Brechts „Dreigroschenoper" neu eröffnet, nachdem es denkmalgerecht saniert worden war. Johannes Heesters sang auf der Eröffnungsparty und schlug in seiner Person einen Bogen zu den 30er-Jahren, als er hier den Danilo in „Die lustige Witwe" spielte.
In dem 1911 eröffneten Haus hat vor allem der Spaß Tradition, als Theater funktionierte es zu Beginn aber nur nebenbei. Es war ein Multifunktionsort des Genusses, ein kleines Bad Pyrmont mitten in Berlin: Neben einer Eisarena, einer Schwimmhalle, einem Salonbad, 62 Wannenbädern, zwei elektrischen Bädern, einem russisch-römischem Bad, einer Naturheilanstalt sowie 41 Solebädern im Seitengebäude beherbergte das Haus im Vorderhaus zur Friedrichstraße Kegelbahnen, ein Café und ein Lichtspieltheater. In den 20ern tanzten hier die berühmten Haller-Girls. Später wurde der Admiralspalast zum Revue- und Operettentheater. 1946 legten Otto Grotewohl und Wilhelm Pieck in eins nun die Hände und zelebrierten im Admiralspalast die von den Sowjets angeordnete Zwangsvereinigung von Sozialdemokraten und Kommunisten zur SED. Bis 1955 nutzte das Ensemble der Deutschen Staatsoper das vom Krieg weitgehend verschonte Gebäude als Ausweichquartier für ihr kriegszerstörtes Haus Unter den Linden. In die Friedrichstraße zog nun mit der „Fledermaus" das Metropol-Theater als Operetten- und

Der Ungar Balázs Kovalik rettet in der Staatsoper Smetanas Kitschoperette „Die verkaufte Braut" vor ihrer eingebauten böhmischen Folklore. Anna Samuil (Foto) spielt die verkaufte Braut Marenka

Musicaltheater der DDR ein – diesem Genre blieb es auch nach der Wende treu, bis zur Schließung im Jahre 1997.
An die Anfänge des Amüsiertempels wollen die neuen Betreiber anknüpfen, was sie mit der Rückbesinnung auf den Namen Admiralspalast illustrieren. Alles nach altem Vorbild neu. Programmatisch reicht der Reigen von Comedy, Musical und Chanson bis zum unverwüstlichen Bühnen-Dauerbrenner „Caveman". Über eine Million Besucher hat die bunte Mischung dem Haus seit der Neueröffnung bereits beschert.

Der große Schauspieler **Otto Sander** hat sein Wohnzimmer in die Bar jeder Vernunft verlegt: Er ist Freund und Stammgast.

Bar jeder Vernunft / Tipi am Kanzleramt

Berlins nobelste Amüsieradresse verwöhnt mit hochkarätiger Kleinkunst und Eigeninszenierungen von Musicals und Operetten

Bar jeder Vernunft
Schaperstraße 24
Wilmersdorf
F: 883 15 82 (Karten), 88 56 92-0
U: Spichernstraße
E: je nach Veranstaltung 22-27 €
M: reservierungen@bar-jeder-vernunft.de
I: www.bar-jeder-vernunft.de

Tipi am Kanzleramt
Große Querallee
Tiergarten
F: 39 06 65-0, 0180 / 327 93 58 (Karten)
S: Unter den Linden, Hauptbahnhof
B: 100
E: je nach Veranstaltung
M: info@tipi-das-zelt.de
I: www.tipi-am-kanzleramt.de

Willkommen, Bienvenue, Welcome. Mit der gefeierten Inszenierung des Berlin-Musicals „Cabaret" schrieb die Bar jeder Vernunft ihre Erfolgsgeschichte fort, die mit hochkarätigen Kleinkunstprogrammen 1992 begann. Die Schaperstraße ist eine feine City-Adresse, etwas versteckt zwischen Hochschule der Künste und der Freien Volksbühne steht ein Parkhaus. Darauf haben Holger Klotzbach – einst Mitglied der legendären Anarcho-Kabarettisten „Die 3 Tornados" – und sein Partner Lutz Deisinger ihr Spiegelzelt platziert.
Im Ambiente des ehemaligen holländischen Tanzzeltes aus den 20ern (mit dem Hauch verruchter Zwielichtigkeit) wurde das Publikum aus Kunstschickeria, Geschäftsleuten, Studenten und Besserverdienenden mit dem Reiz zirzensischen Milieus und einer Gastronomie versorgt, bei der die Gerichte ebenso gepflegt sind wie die Preise. Zu den Künstlern der Bar gehören Entertainer wie die Geschwister Pfister, Georgette Dee, Max Raabe und Pigor & Eichhorn. Immer wieder treten Klotzbach und Deisinger als Impresarios auf. Die erfolgreiche Zusammenführung von Brigitte Mira, Helen Vita und Evelyn Künneke zu den „Drei Alten Schachteln" etwa war ihre Idee. Oder die gefeierte Operetten-Renaissance „Im weißen Rössl am Wolfgangsee", bei der Ursli Pfister (Christoph Märti) und Walter Schmidinger mit Starbesetzung eine olle Operette kräftig entstaubten.
Mit dem **TIPI am Kanzleramt**, das sich in den letzten Jahren als größerer Zeltbruder der Bar jeder Vernunft steigender Beliebtheit erfreut, unterhalten Klotzbach und Deisinger seit 2002 ein weiteres Unterhaltungszelt. In der Straße „In den Zelten" mitten im Tiergarten amüsierten sich die Berliner schon zu Zeiten der Belle Èpoque. Heute bietet man hier einen wunderbaren Theaterraum, exquisite Gastronomie und jede Menge Namen auf der Bühne – von Tim Fischer über Klaus Hoffmann bis zu Otto Sander.

Die kanadische Künstlergruppe 7fingers zeigt im Chamäleon Varieté als Akrobaten-WG in „Loft" eine hochvergnügliche Cirque-Nouveau-Show.

Hackesche Höfe
Rosenthaler Straße 40/41
Mitte
F: 40 00 59 32
S: Hackescher Markt
U: Weinmeisterstraße
T: M1, M2, M4, M5, M6
E: 36-49 €, erm. 28-35 €
M: info@chamaeleonberlin.com
I: www.chamaeleonberlin.com

Chamäleon Varieté

Mitunter gibts auch Stars in der Manege – vor allem aber Comedy, Akrobatik und Musik in nonchalanter Mischung

Das Publikum der Chamäleon-Show „Backstage" staunte nicht schlecht. Der Glitzerknabe da vorne im Rampenlicht, „... der sieht so echt aus, so gar nicht wie ne Attrappe", der sieht echt aus wie – Udo Lindenberg. Keine Panik, er war es. Der Altrocker wollte partout mal im hübschen Jugendstilsaal des Chamäleon Varietés auftreten. Doch dummerweise kann Lindenberg weder jonglieren noch Trapezturnen. Also macht er was er kann: so'n bisschen Honky-Tonky-Show. Lindenberg als unangekündigte Zugabe eines Varietéabends! Natürlich passt so ein Show-Freak wie er ins Chamäleon, dessen nonchalante Mischung aus unvorhergesehenen Gags und einstudierten Pannen längst von anderen Häusern kopiert wird. Im Februar 1991 eroberten ein paar Freaks um Clown Hacki Ginda und Musiker Peter Rose die leer stehende Probebühne des DDR-Fernsehens in den damals noch trostlos verharrenden Hackeschen Höfen. Das Erfolgskonzept hatten sie von ihrem Zeltvarieté „Parodie Paradies" mitgebracht. „Höher, schneller, weiter" war hier nie das Motto. Raum für Improvisationen und ein Miteinander der Artisten war lange das Erfolgskonzept – und damit prägten sie das neue Berliner Varieté nachhaltig. Gleichwohl war es 2004 erst einmal vorbei. Ein frisches Team hat übernommen und feiert mit Shows wie „Loft" von der Künstlergruppe 7Fingers große Erfolge.

Friedrichstraße 107
Mitte
F: 23 26 23 26
S & U: Friedrichstraße
E: je nach Veranstaltung 16,90- 104,90 €
M: tickets@friedrichstadtpalast.de
I: www.friedrichstadtpalast.de

Friedrichstadtpalast

Stars, Diven, Wasserträger: Europas größtes Revue-Theater ist ein Wunderwerk der Technik und bietet viel Raum für lange Beine

Na bitte, das ist doch schon mal ein Superlativ: Europas größtes Revue-Theater. Und dann noch gleich einer hinterher: längste Girlreihe der Welt. Dazu kommen noch ein paar männliche Tänzer. 60 Tänzerinnen und Tänzer umfasst das Ensemble insgesamt, über 300 Menschen arbeiten auf und hinter der Bühne: Tänzerinnen, Musiker, Artisten, Toningenieure, Kulissenbauer, Beleuchter, Verwaltungspersonal. Alle arbeiten daran, Abend für Abend dem Publikum im Saal mit 1.895 Plätzen eine Show zu bieten, in der sich aus den Elementen Ballett, Musical und Artistik ein opulentes Spektakel ergibt. Das ganze Haus ist ein Wunderwerk der Technik. Nichts ist unmöglich, was der Künstlerseele einfällt. Auswechselbares Wasserbecken? Kein Problem, längst installiert. Eisfläche? Oder Zirkus-

Die Revue „Yma" bietet im Friedrichstadtpalast mehr Akteure auf als jede Las-Vegas-Show. Dabei ist natürlich auch die hier um viele männliche Tänzer verstärkte Girl-Reihe (das Foto zeigt die Szene Satyricon)

manege? Alles möglich. Dazu kommt noch ein Superlativ: die größte Laseranlage Europas. Erbaut und eröffnet wurde das Revuetheater noch zu DDR-Zeiten.

1984 war die Eröffnung des Hightech-Stolzes der leichten Muse am heutigen Standort. Doch als Etablissement des Showbiz blickt das einzige Revuetheater Deutschlands auf eine über 100-jährige Geschichte zurück. Nicht weit vom jetzigen Standort hatte der Friedrichstadtpalast 1867 seinen Ursprung: Auf das Gelände neben dem heutigen Berliner Ensemble, eine ehemalige Markthalle, zog der Markthallen-Circus, der 1873 eröffnete. Der Zirkusbetrieb lief bis 1919, als Max Reinhardt das Gebäude als Dependance seines Deutschen Theaters erwarb. Er verpasste ihm einen neuen, klangvolleren Namen: Großes Schauspielhaus. Es wurde insbesondere in den 20ern unter Direktor Erik Charell, der Stars wie die Comedian Harmonists engagierte, durch seine Ausstattungsrevuen bekannt. 1941 war vorerst Schluss, die Nazis schlossen das Haus.

Kurz nach dem Zweiten Weltkrieg ging es weiter mit artistischen Nummernprogrammen. Nun firmierte das Haus als Friedrichstadtpalast. In den folgenden Jahrzehnten fand manch internationaler Künstler wie Louis Armstrong, Gilbert Bécaud und Ella Fitzgerald dort seinen Ostberliner Auftrittsort. Unter der Intendanz Alexander Iljinskijs gelang es dem Revue-Theater, wohlbehalten durch die Wirren der Wende zu kommen. Von 2004 bis 2007 lag die künstlerische Leitung des Theaters in den Händen von Thomas Münstermann, der „mit Tanz, Glanz und Eleganz" die Revue mehr Richtung Theater trimmte. Das ging schief. Nachfolger Berndt Schmidt besinnt sich auf die „Glanzlichter der Revue" und bringt Showgewitter wie „Qi – Eine Palastphantasie" und „Yma" auf die Bühne. Der Tagesspiegel schreibt: „Berlin hat endlich die Revue, die es verdient."

Im Theater des Westens schlägt Musicalstar Drew Sarich als Graf von Krolock in Roman Polanskis „Tanz der Vampire" seine Hauer in zarte Jungfernhälse.

Mehringhof Theater

Permanente Bestandsaufnahme des deutschsprachigen Kabaretts: Berlins Kleinkunst-Theater mit Kreuzberger Street Credibility

Gneisenaustraße 2a
Kreuzberg
F: 691 50 99
U: Mehringdamm
B: M19/140/248
E: Mo-Do 15 €, erm. 10 €, Fr+So 17 €, erm. 13 €, Sa 20 €, erm. 15 €
M: mehringhof theater@gmx.de
I: www.mehringhof theater.de

Einmal tauchte der Staatsschutz auf und durchsuchte die Räume des Mehringhofs, eines selbstverwalteten, alternativen Zentrums für Gewerbe, Kultur und Kommunikation – auf der Suche nach staatszersetzendem Material. Und plötzlich wurde dabei dem einen oder anderen Staatsschützer ganz warm ums Herz, als er im Gang die Fotogalerie der Künstler sah, die seit 1985 auf dieser Bühne gastierten. „Den kenne ich doch aus dem Fernsehen!", ruft da hocherfreut die Polizei. Und jemand, der im Fernsehen war – kann der noch staatsgefährdend sein?

Illuster sind sie tatsächlich, die Namen der Kabarettisten und

Comedystars, für die das Gastspiel im Mehringhof Theater Ehrensache war und ist: Matthias Beltz, Ingolf Lück, Matthias Deutschmann, Richard Rogler, Achim Konejung, Heinrich Pachl, Dirk Bach, Ottfried Fischer, Georg Schramm, Josef Hader, Zwei Drittel, Ingo Appelt und und und. Und auch das ehrwürdige Kabarett-Theater von Lore Lorentz selig, das Düsseldorfer Kom(m)ödchen, hat ein paarmal vorbeigeschaut. Versammelte Kabarettgeschichte, mitten in Kreuzberg.

Ursprünglich wurde die Stätte von der Kabarettgruppe „CaDeWe" bespielt. Dann übernahmen im April 1985 Jörg Born und Christian Luschtinetz den Laden. Im Hochparterre, zweiter Hinterhof des Mehringhof-Komplexes, entwickelten die beiden, später durch Andreas Wahl verstärkt, die Bühne zu einer der ersten Adressen des deutschsprachigen - und mit Vorliebe politischen - unterhaltsamen Kabaretts. Ziel der Betreiber ist es, eine ‚permanente Bestandsaufnahme des deutschsprachigen Kabaretts zu leisten'. Neben der Prominenz des Genres öffnet man sich auch immer wieder für den Nachwuchs.

Er zählt Berlin, neben Hamburg, zu seiner zweiten Heimat. **Udo Lindenberg** braucht auch keine Wohnung, er lebt sowieso nur in Hotels. Seit Jahrzehnten dichtet der begnadete Nuschler achtbare deutsche Reime und griff in seinen Songs das deutsch-deutsche Thema von „Mädchen aus Ost-Berlin" bis „Sonderzug aus Pankow" immer wieder auf. Mit dem autobiografisch angehauchten Musical „Hinterm Horizont" setzte er der Mauerstadt und sich selbst ein Denkmal.

Theater des Westens

Kantstraße 12
Charlottenburg
F: 01805 / 44 44 (Karten), 259 24 45 55
S & U: Zoologischer Garten
E: je nach Veranstaltung
I: www.stage-entertainment.de, www.theater-des-westens.de

Bewährte Musicalware und eine bewegte Vergangenheit: Berlins ältestes Musicaltheater zeigt sich unerschütterlich

Thalia, die Muse des Schauspiels, ziert den Eingang des Musicaltheaters an der Kantstraße. Sie rümpft ein wenig die Nase. Irgendwie schlägt sie die Augen nach oben, das machen Kantianer ja gerne mal, und blickt in den „gestirnten Himmel über mir". Dies muss aber nicht als Kommentar zum Geschehen im Bühnenhaus hinter ihr zu deuten sein. Eher als Seufzer zum Standort: Dicht fließt der Verkehr vor dem eng auf die Straßenflucht bezogenen Haus. Die Muse aus Stein hat es tatsächlich nicht leicht, hier am Entree zur leichten Muse. Doch umtost vom Metropolenverkehr ist ja auch der Broadway, den die Betreiber Stage Entertainment seit der Spielzeit 2003/04 bis in die Berliner Kantstraße verlängern möchten.

Mit „Les Misérables", „Die drei Musketiere" und „Tanz der Vampire" setzt der Musicalkonzern hier vor allem bewährte Ware ein. Am Broadway bedeutet ein Flop oft das schnelle Ende der Produktion und mitunter gleich des ganzen Theaters. Solche Situationen können das Theater des Westens aber genauso wenig erschüttern wie der Verkehr vor der Haustür. Schließlich stand es in seiner 115-jährigen Geschichte mehrmals vor dem Aus, seit der Architekt Bernhard Sehring im Herbst 1895 den Kohlenplatz der Meierei Bolle kaufte und in einem wilden Stilmix aus Antike, Mittelalter und Renaissance sein Privattheater erbaute, erstaunlicherweise innerhalb eines Jahres. Trotz Zerstörung des Bühnenhauses durch eine Brandkatastrophe im Jahre 1912 ist es bis heute ein gut erhaltenes Beispiel bürgerlicher Prachtarchitektur. Doch zu-

nächst ging es in die künstlerische und wirtschaftliche Pleite. Statt Sprechtheater beginnt man 1898, unter der Direktion von Max Hofpaur, Opern und Operetten aufzuführen – darunter sogar Berliner Erstaufführungen. 1905 gibt niemand Geringerer als Enrico Caruso sein Berlin-Debüt im Theater des Westens. Nach dem Krieg findet die ausgebombte Städtische Oper hier jahrelang Asyl, bis sie 1961 mit der Deutschen Oper in der Bismarckstraße ihr neues Domizil findet. Wieder kehrt die leichte Muse an die Kantstraße zurück. Nach einer Komplettrenovierung eröffnet das Theater 1984 unter der Intendanz von Götz Friedrich mit Helmut Baumann als Künstlerischem Direktor und mit dem Musical „Guys and Dolls". Baumann beschert dem Haus mit der deutschsprachigen Erstaufführung von „La Cage aux Folles – Ein Käfig voller Narren" einen sensationellen Erfolg, künstlerisch und an der Kasse. 1993 übernimmt Baumann die Intendanz. Er engagiert Stars wie Angelika Milster, Ute Lemper und Helen Schneider, baut aber auch Talente aus dem Ensemble zu Bühnenpersönlichkeiten auf. Mit Elmar Ottenthal zieht 1999 die Marktwirt-

Seit über 100 Jahren leuchtet das prachtvolle Theater des Westens an der Charlottenburger Kantstraße und war dabei schon Bühne für Weltstars wie Enrico Caruso, Josephine Baker und Marlene Dietrich

schaft in die Kantstraße ein. Während Vorgänger Baumann im Schnitt vier Inszenierungen im Jahr vorstellte und damit auch das Risiko verteilte, setzt Ottenthal Geld, Hoffnung und Reputation in eine „Welt-Uraufführung", inszeniert vom Intendanten persönlich: „FMA – Falco Meets Amadeus". Ein rasant gespieltes Nichts mit guten Auslastungszahlen: Dem Publikum gefällt es besser als der Kritik. Doch damit ist das Glück für Ottenthal auch schon vorbei, die nächsten Produktionen floppen, der Senat kündigt den Intendanten-Vertrag, und das traditionsreiche Theater des Westens wird zur Privatisierung ausgeschrieben. Der Musicalkonzern Stageholding, heute Stage Entertainment, übernimmt und zeigt seitdem ensuite gespielte Musicals wie „Wie will rock you" oder „Tanz der Vampire". Für März 2013 ist die Deutsche Premiere des am Londoner Westend und am Broadway erfolgreichen Pferde-Dramas „War House" geplant.

Noch mehr Unterhaltung

Alle Adressen und Infos finden Sie im Register ab Seite 179.

Von der kleinsten Bühne der Stadt bis zum 1.800-Plätze-Theater am Potsdamer Platz: Kabarett und Musical halten reiche Ernte an der Spree

Das kleinste Varieté, ja das kleinste Theater der Stadt überhaupt ist die **Scheinbar**. Im wohnzimmergroßen Raum schauen die großen und kleinen Künstler der Stadt vorbei. Selbst Ute Lemper ist hier schon mal hereingeschneit – als Gast, nicht als Star. Meist ist hier engagierter Nachwuchs bei

Die weiblichen Wechseljahre als Show? Wie das geht, zeigt das Hormonical „Heiße Zeiten" mit Angelika Mann bei den Wühlmäusen

der Sache, der zwar (noch) keinen großen Namen, aber eine gehörige Portion Clownpower hat.

Die Distel spottet in „Jenseits von Angela" über bundesdeutsche Politikverhältnisse

Für klassisches Ensemble-Kabarett stehen dafür Berlins alteingesessene Kabarett-Theater „Die Stachelschweine" und „Distel". Seit 1953 gibt es die Distel, seit 1949 existieren bereits **Die Stachelschweine**, die heute fest mit dem Namen Wolfgang Gruner verbunden werden. Aber auch andere bekannte Künstler gehörten früher zum Ensemble. Ein Kabarettist der ersten Stunde war Günther Pfitzmann, später stießen auch Jo Herbst und Wolfgang Neuss dazu. Zu den frühen Verehrern des Kabarett-Theaters zählte auch Erich Kästner, der ihnen 1953 unter der Überschrift „Überflüssiger Rat" ins Stammbuch schrieb: „Liebe Stachelschweine, lasst euch nie rasieren!" 2009 feiern sie mit dem Programm „Völlig verspielt" ihr 60-jähriges Bestehen. Auf der anderen Seite der Mauer blühte die **Distel**. Sie wagte die Gratwanderung, Kabarett zu machen, ohne den Herrschenden im real existierenden Sozialismus auf die Füße zu treten. Man begnügte sich mit Anspielungen und vielsagenden Auslassungen – und das Publikum verstand. Nach der Wende stand Gisela Oechelhaeuser dem Theater vor, bis sie als Stasi-IM enttarnt wurde. Es übernahmen Inge Ristock und Peter Ensikat, gefolgt von den Kabarettisten Frank Lüdecke und – seit 2009

– Martin Maier-Bode. Weiter pflegt man hier das Ensemblekabarett und versucht sich als „Stachel am Regierungssitz“. Auch die **Wühlmäuse am Theo** bieten Kabarett, mischen aber kräftig Comedy rein. Hausherr Dieter Hallervorden nutzt es zur öffentlichen Aufzeichnung seiner Fernsehsketch-Programme, ansonsten dient es als Gastspieltheater für Künstler des Genres. Mitunter finden auch Jazz- und Chansonkonzerte statt.

Eröffnet wurde das **Theater am Potsdamer Platz** als Musicaltheater, und bis Juli 2002 lief tagein, tagaus auch nur ein Musical: „Der Glöckner von Notre Dame“. Nach einem Zwischenspiel mit Andrew Lloyd Webbers „Cats“ erweiterte man im Mai 2004 das Profil mit der New Yorker Blue Man Group zum Performancetheater, einer Mischung aus Rockshow, Comedy, Percussion-Spektakel und Action-Painting. Das 1.800-Plätze-Haus war nun das erste Blue-Man-Theater außerhalb der USA. Im Februar 2007 bezogen die blauen Männer ihr eigenes, gleichwohl kleineres **Bluemax Theater** im ehemaligen IMAX-Kino direkt gegenüber. Im großen Theater am Potsdamer Platz laufen nun wieder Musicals, 2011 hatte das Mauer-Musical „Hinterm Horizont“ Uraufführung, eine autobiografische Fiktion um Udo Lindenberg und seiner Lieder. Autor Thomas Brussig („Sonnenallee“) spannt den Bogen über 25 Jahre: Es geht los kurz vor dem legendären Lindenberg-Konzert von 1983 und hört auf bei einem Udo-Doppelgänger-Casting im Hamburger Hotel Atlantic in der Jetztzeit.

MUSIK

Die Orchester Berlins erhalten gute Noten in der Musikwelt. Edle Klänge – von den Philharmonikern bis zur Staatskapelle, von der Sinfonie bis zur Kammermusik.

Berliner Philharmoniker

Deutschlands edelster und teuerster Klangkörper spielt Klassiker – und eine herausragende Rolle nicht nur in Berlin

Herbert-von-Karajan-Straße 1
Tiergarten
F: 254 88-0, 254 88-999 (Karten)
S & U: Potsdamer Platz
B: M29/M41/M48/200
E: 15-138 €
M: kartenbuero@berliner-philharmoniker.de
I: www.berliner-philharmoniker.de

Dieses Orchester gehört zu den besten der Welt. Seit Sir Simon Rattle 2002 die Leitung übernahm, ist es womöglich gar das Beste. Es sind neue Zeiten bei den Berliner Philharmonikern angebrochen, in künstlerischer wie organisatorischer Hinsicht. Sir Simons Credo „Kunst ist kein Luxus, Kunst gehört zum Leben wie die Luft, die wir atmen" bewegt und bewirkt Erstaunliches, sowohl in der ehrwürdigen Institution selbst als auch bei bislang kaum der Klassik zugeneigten Jugendlichen. Der Leuchtturm der Hochkultur verlässt den Konzertsaal und trägt seine Arbeit in andere gesellschaftliche Räume. Der preisgekrönte Film „Rhythm is it!" über das erste „Education"-Projekt der Philharmoniker dokumentiert dies eindrücklich: 250 Kinder und Jugendliche, fast alle ohne Vorbildung, proben Strawinskys „Le Sacre du Printemps" und erliegen der Faszination der Musik.

Das Orchester ist von einer Dienststelle des Landes Berlin in eine öffentlich-rechtliche Stiftung umgewandelt worden, wodurch offensiver als bislang private Sponsoren angeworben werden können. Diese Umwandlung sichert den Philharmonikern nun ein höheres Grundgehalt und soll die besten Musiker weiter an das Orchester binden. Denn schließlich hat man ein Geburtstrauma zu überwinden. 1882, bei der Entstehung des heute weltberühmten Klangkörpers, mussten die etwa 50 ambitionierten Musiker, angetrieben von ihrem autokratisch waltenden Chef Benjamin Bilse, täglich bei Gesellschaften zu Kaffee und Kuchen aufspielen. Sie waren schlecht bezahlt und sollten, horribile dictu, bei Konzertreisen „Holzklasse" fahren. Später ging es dann aber schnell bergauf mit der früheren „Bilseschen Kapelle". Namhafte Musiker wie Johannes Brahms und Hans von Bülow arbeiteten mit dem Orchester, die Familien Mendelssohn und Siemens unterstützten es mit großzügigen Spenden. Bald spielte das „Philharmonische Orchester", wie es inzwischen hieß, in der ersten Liga – Komponisten wie Peter Tschaikowsky, Richard Strauss und Gustav Mahler dirigierten es. Mit Arthur Nikesch als künstlerischem Leiter nahmen sie 1913 eine Schallplatte mit Beethovens 5. Sinfonie auf, es war das erste ungekürzte sinfonische Werk auf dem noch misstrauisch beäugten Tonträger, dirigiert von einem großen Dirigenten. Ihm folgten Furtwängler und von 1955 bis 1989 Herbert von Karajan. Der Maestro, der stets mit geschlossenen Augen dirigierte, prägte das Klangbild entscheidend. 1989 übernahm Claudio Abbado den Taktstock und öffnete das Orchester verstärkt für die Moderne. Als der Italiener seinen Vertrag als Künstlerischer Leiter nicht verlängerte, wählte die „Orchesterdemokratie" des Philharmonischen Orchesters mit großer Mehrheit einen un-

Erstklassiger Schall fürs Weltklasse-Orchester: Hervorragende akustische Bedingungen bietet der Konzertsaal der von Hans Scharoun entworfenen Philharmonie.

konventionellen Engländer zum neuen Chefdirigenten – Sir Simon Rattle. Zahllose internationale Auszeichnungen wie den Grammy oder Classical BRIT Awards haben sich die Philharmoniker erspielt.

Berliner Staatskapelle

Sie war die Band von Friedrich dem Zweiten und ist damit das älteste Orchester der Stadt

Staatsoper im Schiller Theater, Bismarckstraße 110 , Charlottenburg
F: 20 35 45 55 (Karten), 20 35 40
U: Ernst-Reuter-Platz
E: je nach Veranstaltung
M: tickets@staatsoper-berlin.de, besucher service@staatsoper-berlin.de
I: www.staatsoper-berlin.de

Für ihren Jahrgang sieht sie noch ziemlich gut aus, gehört zur Haute Couture der Tonkunst. Über 530 Jahre ist die Berliner Staatskapelle alt. Das hat sie schriftlich. 1570 stellte ihr Kurfürst Joachim II. von Brandenburg die Geburtsurkunde aus, indem er ihr eine strenge Kapellordnung verpasste, in der beispielsweise kleine musikalische Gelegenheitsgeschäfte nicht erlaubt waren. Streng waren die Sitten. Die Berliner Staatskapelle ist tatsächlich das älteste Orchester der Stadt. Später wurde sie befördert zur königlich-preußischen Hofkapelle und begleitete den Kronprinzen und späteren König Friedrich II. beim Flötenspiel. Sie war also das, was man heutzutage Friedrichs Band nennen würde. Inzwischen rührt sie, dirigiert von Daniel Barenboim, mitunter hartgesottene Bundespolitiker mit Beethovens brillanten Notenschleiern oder Wagners deftigen Tönen zu Tränen. Barenboim, inzwi-

Seit Herbst 2010 provisorisches Domizil der Staatsoper: Das 1950 neugebaute Schillertheater

schen Chef auf Lebenszeit, ist seit 1992 Generalmusikdirektor des Orchesters und Künstlerischer Leiter der Staatsoper Unter den Linden. Damit steht er in einer Reihe mit illustren Könnern wie Richard Strauss, Leo Blech, Wilhelm Furtwängler, Otto Klemperer und Herbert von Karajan. Nur die bedeutendsten Taktstockmeister ihrer Zeit waren und sind gut genug für diese Champions der Klassikliga. Ihren Klangkörper in Schwingung versetzen durfte auch in den letzten Jahren nur die Creme der Dirigentenszene, darunter Pierre Boulez, Christoph von Dohnányi, Zubin Mehta, Kent Nagano – und nur eine Frau: Simone Young.

Vielköpfiger Wohlklang: das Deutsche Symphonie Orchester

Deutsches Symphonie Orchester

Vom Rundfunkorchester im amerikanischen Sektor zu Deutschlands führendem Avantgarde-Klangkörper

Besucherservice:
Charlottenstraße 56
Mitte
F: 20 29 87 11
U: Stadtmitte
E: 9-58 €
M: tickets@dso-berlin.de
I: www.dso-berlin.de

Aller guten Dinge sind drei. Und dreimal änderte dieses Orchester im Laufe von 50 Jahren seinen Namen. Als Nachkriegs-Radioorchester wurde es 1946 gegründet beim Rundfunk im amerikanischen Sektor (RIAS). Folglich taufte man es RIAS-Symphonie-Orchester. Die Amerikaner leisteten sich den Spaß, denn man wollte dem von den Sowjets gelenkten Berliner Rundfunk etwas entgegensenden. Erstes Aufsehen erregte das Orchester 1948 mit einem Gershwin-Abend unter Sergiu Celi-

Kulturverführer auch als App auf dem iPhone

Neue Pfade entdecken durch regelmäßige Updates der Kulturverführer-Inhalte.

Mit den iPhone-typischen Karten- und Suchfunktionen. Ganz einfach unter dem Stichwort *Kultur* und der jeweiligen Stadt, also zum Beispiel *Kultur Hamburg*, herunter zu laden.

bidache, der gerade die Leitung der Berliner Philharmoniker an den von den Nazis geschassten Wilhelm Furtwängler zurückgegeben hatte. Als die Amerikaner den Geldhahn in den 50er Jahren wieder zudrehten, wechselte das Orchester den Sender. Man schloss einen Vertrag mit dem neu gegründeten Sender Freies Berlin. Damit wurde es Zeit für den Namen Nummer zwei: Radio-Symphonie-Orchester. Das hatte immerhin den Vorteil, dass die Initialen beibehalten werden konnten: RSO. Bei der dritten Namensgebung ging das nicht mehr. 1993 erhielt es seinen heutigen: Deutsches Symphonie Orchester (DSO). Seinen Namen machte sich das Orchester vor allem auf dem Gebiet der Avantgarde-Musik. Hierin zählt es zu einem der weltweit führenden Klangkörper. Ingo Metzmacher wurde 2007 Chefdirigent des DSO. Er war als Nachfolger von Ferenc Fricsay, Lorin Maazel, Riccardo Chailly, Vladimir Ashkenazy und Kent Nagano der erste deutsche Dirigent auf diesem Posten. Nachdem Metzmacher aus Protest gegen Etatkürzungen sein Engagement nicht über die Spielzeit 2009/10 hinaus verlängerte, war das Orchester zwei Jahre lang führungslos. 2012 hat der Russe Tugan Sochijewist als Wunschkandidat der Musiker den Posten übernommen.

Heimstatt des Konzerthausorchesters: der große Saal im von Schinkel erbauten Konzerthaus am Gendarmenmarkt

Gendarmenmarkt 2
Mitte
F: 203 09 21 01
S: Friedrichstraße/Unter den Linden
U: Französische Straße/Stadtmitte/Hausvogteiplatz
B: 100/147/M48/200/TXL
E: je nach Konzert
M: ticket@konzerthaus.de
I: www.konzerthaus.de

Konzerthausorchester Berlin

Immer wieder inspirierend: Das geschichtsträchtige Konzerthaus ist Heimstatt eines überaus rührigen Klangkörpers

Dieser Ort ist richtig vornehm. Hier kann die Hauptstadt ein bisschen Sonnenkönig spielen, weshalb das von Karl Friedrich Schinkel 1818-1821 errichtete, ursprüngliche Schauspielhaus, am traditionsreichen Gendarmenmarkt gelegen, auch äußerst beliebt ist für staatliche Empfänge und Galaveranstaltungen. So viel Tradition, so viel Geschichte atmet dieses Haus. Hier erlebte Webers „Freischütz" seine legendäre Uraufführung, wurden die Konzerte Paganinis und Liszts frenetisch gefeiert, hier dirigierte Wagner seinen „Fliegenden Holländer" erstmalig in Berlin. In den vier Spielstätten Großer Saal (mit der prachtvollen Jehmlich-Orgel), Kleiner Saal, Werner-Otto-Saal und Musikclub finden jährlich etwa 500 Veranstaltungen statt.
Das in Konzerthaus umbenannte Schauspielhaus am Gendarmenmarkt ist seit 1994 auch Heimstatt des Konzerthausorchesters Berlin (ehemals Berliner Sinfonieorchester). 1952 als Städtisches Orchester gegründet, erlangte es als eines der besten Orchester der DDR schnell internationalen Ruhm. In die vom Konzerthaus in jeder Spielzeit gesetzten thematischen Schwerpunkte ist das Orchester genauso eingebunden wie in Konzerte des musikfests berlin und des Choriner Musiksommers. Nach Maestro Eliahu Inbal ist zur Spielzeit 2006/07 Lothar Zagrosek als Chefdirigent angetreten. Erfolgreich hat er neue Formate wie die Mozart-Matineen und das Orchesterfest zum Saison-Auftakt eingeführt. Viele Musiker entfalten neben ihrem Orchesterengagement eine rege Kammermusiktätigkeit: Mehrere Ensembles, darunter die Berliner Sinfonietta und das Petersen Quartett, rekrutieren sich aus dem Orchester.

Nein, **Marcel Reich-Ranicki**, der wohl bekannteste und wirkungsmächtigste Literaturkritiker Deutschlands, liebt nicht nur Bücher. Neben Schriftstellern, die vor seinen Augen Gnade finden, fördert er als Kurator des Vereins „Zukunft Konzerthaus" auch diese Kathedrale des Wahren und Schönen in Notenschrift.

Bismarckstraße 35
F: 343 84 01
S: Charlottenburg
U: 2, Bismarckstraße
Ö: je nach Veranstaltung
I: www.deutscheoperberlin.de

Orchester der Deutschen Oper Berlin

Barenboims Rivalen, friedlich vereint in der Opernstiftung: das Orchester mit der Geheimwaffe „für musikalische Notfälle"

Etwas im Schatten der Aufmerksamkeit für Barenboims Staatskapelle an der Staatsoper steht das Orchester der Deutschen Oper. Dabei verfügte es mit Vicco von Bülow alias Loriot bis zu seinem Tod über ein Ehrenmitglied, das nicht nur unter Klassikfreunden in Deutschland Popularität und Ansehen genießt. Als der adelige Komiker im Sommer 2002 die

Pauken und Streicher: Seit 2012 führt der ungarische Dirigent Henrik Nánási beim Orchester der Komischen Oper den Taktstock

Ehrenmitgliedschaft erhielt, versprach er: „In Notfällen stehe ich für die Übernahme heikler instrumentaler Solopartien zur Verfügung."

Gegründet wurde der Klangkörper 1912 als das Hausorchester des Deutschen Opernhauses an der Bismarckstraße, das nach 1925 als „Städtische Oper" firmierte. Zu den Dirigenten gehörten Bruno Walter, Leo Blech und Wilhelm Furtwängler. Nach dem Zweiten Weltkrieg dirigierte auch Herbert von Karajan. Später folgten weitere klangvolle Namen der Klassikwelt: Claudio Abbado, Horst Stein, Zubin Mehta und Eugen Jochum. Generalmusikdirektoren waren nacheinander Lorin Maazel, Gerd Albrecht, Jesús López-Cobos und Raphael Frühbeck de Burgos. Von 1997 bis 2004 war der Chef Christian Thielemann, der besonders als Wagner-Interpret das Orchester zu „perfektem Zusammenspiel" („Die Presse", Wien) dirigierte. Nach dem Italiener Renato Palumbo ist seit 2009 der Brite Donald Runnicles Musikchef des Hauses.

Orchester der Komischen Oper Berlin

Behrenstraße 55-57
Mitte
F: 20 26 00,
47 99 74 00 (Callcenter)
S: Friedrichstraße,
Unter den Linden
U: Französische Straße
B: 100/200/348/TXL
E: 9-150 €
M: info@komische-oper-berlin.de
I: www.komische-oper-berlin.de

Auf den Russen folgt ein Ami: Das Orchester der kleinsten Berliner Oper bleibt auf hohem Niveau

Verjüngung heißt das Zauberwort, mit dem sich das kleinste der Berliner Opernhäuser im Wettstreit schärfer profilieren will. Während die anderen Berliner Opernorchester auf ehrfurchteinflößende Namen als Musikchefs setzen, gibt die Komische Oper dem Nachwuchs eine Chance: Kirill Petrenko, Jahrgang 1972, übernahm von Yakov Kreizberg im Sommer 2002 den Posten des Generalmusikdirektors. Der gebürtige Russe war eine bis dato weitgehend unbekannte Größe in der Stadt. Er kam, sah und siegte. Als Petrenko zum Ende der Spielzeit 2007 das Haus wieder verließ, zählte er zu den bedeutenden Dirigenten der jüngeren Generation. Namhaft sind auch die Dirigenten, die das 1947 unter Leo Spies gegründete Orchester der Komischen Oper in der Vergangenheit dirigierten: Otto Klemperer, Rudolf Kempe, Arthur Grüber, Václav Neumann und Kurt Masur. Nachdem Petrenkos Nachfolger, der US-Amerikaner Carl St. Clair, nach „künstlerischen Differenzen" das Haus verließ, ist 2010 wieder ein junges Talent Chefdirigent: der erst 29-jährige Patrick Lange. Ab Sommer 2012 wird mit dem Wechsel der Intendanz zu Barry Kosky der ungarische Dirigent Henrik Nánási, geboren 1975, Generalmusikdirektor der Komischen Oper.

Rundfunk-Sinfonieorchester Berlin

Charlottenstraße 56
Mitte
F: 20 29 87 15
U: Stadtmitte
E: je nach Veranstaltung
M: info@rsb-online.de, tickets@rsb-online.de
I: www.rsb-online.de

Und jetzt Musik: Das älteste der (Radio-)Sinfonieorchester spielt mit bedeutenden Komponisten

Das gute alte Dampfradio hat sie alle zusammengebracht. Viele bedeutende Komponisten von Arnold Schönberg bis Richard Strauss dirigierten hier ihre eigene Musik. Igor Strawinsky leitete die Welturaufführung seines Violinkonzertes am 23. Oktober 1931. Chefdirigenten wie Bruno Seidler-Winkler, Eugen Jochum, Sergiu Celibidache, Gäste wie Bruno Walter, Herbert von Karajan und Yehudi Menuhin klopften beim Rundfunk-Sinfonieorchester Berlin den Takt. Es ist das älteste Sinfonieorchester unter den Radio-Orchestern. Bereits 1923 konnte man sich Radio ohne Musik nicht vorstellen. Der Klangkörper aus den Pioniertagen des Rundfunks war Hausorchester im Haus des Rundfunks in der Masurenallee, wo es nach 1945 das erste Konzert nach dem Zweiten Weltkrieg gab. In der DDR wurde es Orchester des Staatlichen Rundfunkkomitees. 1994 übernahm Rafael Frühbeck de Burgos den Taktstock. Der Spanier pflegte neben dem bisherigen Repertoire von Werken des 19. und 20. Jahrhunderts die Musikliteratur seiner Heimat. Seit 2002 spielt es unter Leitung von Marek Janowski. Dieser setzte Maßstäbe mit einem fünfteiligen Robert-Schumann-Zyklus. Aufmerksamkeit erregte das Rundfunk-Sinfonieorchester Berlin auch mit seinem zehnteiligen konzertanten Wagner-Zyklus, den es im Mai 2013 zum 200. Geburtstag von Richard Wagner zum Abschluss bringen will.

Kammermusik

Alle Adressen und Infos finden Sie im Register ab Seite 179.

Musiker großer Orchester und Eleven renommierter Hochschulen entlocken ihren Instrumenten kammer-musikalische Klänge aller Epochen und Spielarten

Eigentlich war Kammermusik ja das private Musizieren im kleinen Kreis, sehr populär an den Fürstenhäusern vergangener Jahrhunderte. Inzwischen fällt unter den Begriff eigentlich alles, was nicht Kirchen- oder Theatermusik ist. Das reicht vom Trio bis zum dreißigköpfigen Kammerorchester. Ob Alte Musik oder Neue, ob Barock oder improvisiert – es gibt Dutzende von Ensembles in Berlin, die sich der Kammermusik widmen. Teilweise rekrutieren sie sich aus den großen Orchestern, teils aus den Musikschulen und Universitäten, mitunter sind es freie Gruppen, die meist avantgardistische Traditionen und die Neue Musik pflegen.

Eine der wichtigsten freien Gruppen in diesem Segment war das preisgekrönte **Ensemble Oriol**. Durch den Zusammenschluss mit dem Potsdamer Persius Ensemble zur **Kammerakademie Potsdam** wurde es zum Hausorchester des Nikolaisaals in Potsdam. Das Repertoire reicht vom Barock bis zur Moderne.

Vor allem auf Neue Musik festgelegt haben sich dafür andere Gruppen wie das **Ensemble United Berlin**, das **Modern Art**

Grenzüberschreitend: Das im Jahr des Mauerfalls gegründete ensemble united berlin

Sextet, das auch Klassiker der Moderne von Schönberg bis Eisler pflegt, und das **ensemble mosaik**, das 1997 im Umfeld der Universität der Künste entstanden ist.

Traditionelle Konzertformen zu durchbrechen, hat sich das junge **Solistenensemble Kaleidoskop** zur Aufgabe gemacht. Das 2006 von dem Cellisten Michael Rauter und dem Dirigenten Julian Kuerti gegründete Ensemble nimmt klassischer Musik die Feierlichkeit, veranstaltet „Nachtmusik"-Konzerte bei denen das Publikum im Liegen lauscht oder taucht in Guerilla-Aktionen auf den Straßen und Plätzen der Stadt auf, spielt eine halbe Stunde lang und verschwindet wieder. Engagement und die Risikobereitschaft zeichnet die 14 jungen Streicher aus, die sowohl auf dem Gebiet der historischen Aufführungspraxis wie auch im zeitgenössischen Repertoire kompetent sind. Man pflegt den Austausch mit Künstlern anderer Sparten wie der Tanzcompagnie von Sasha Waltz und ist seit 2008 „Ensemble-in-Residence" im Radialsystem V.

Die **Akademie für Alte Musik** trägt ihr Profil bereits im Namen. 1982 ist sie in Ost-Berlin von Mitgliedern des Rundfunk-Sinfonieorchesters, des Berliner Sinfonie-Orchesters und der Staatskapelle Berlin gegründet worden. Musiziert wird auf historischen Instrumenten, um den ursprünglichen Klang original wiederzugeben. Aus Mitgliedern der großen Sinfonieorchester, aber auch aus freischaffenden Musikern besteht das **Deutsche Kammerorchester Berlin**. Kurz nach der Wende gründete es sich im Dezember 1989 mit Künstlern aus Ost und West. Auch die **Camerata instrumentale Berlin** wurde von Mitgliedern renommierter Orchester gegründet. Ihr Repertoire umschließt

Stets offen für neue Formen und Formate: das Solistenensemble Kaleidoskop

Internationale Tourneereisen führen das erfolgreiche Kammerorchester Berlin immer wieder ins Ausland, zuletzt nach Spanien und Japan. Dorther kommt es auch mitunter hoch dekoriert zurück – zum Beispiel mit dem Japanischen Schallplattenpreis.

die Musik der Klassik und Romantik bis zum 20. Jahrhundert, gern in ungewöhnlichen Besetzungen interpretiert.

Aus den Reihen des Berliner Sinfonie-Orchesters rekrutieren sich gleich mehrere Kammermusikensembles. Zu den festen Gruppen zählen das **Finsterbusch-Trio**, das Klavierquartett **tauthaus-ensemble**, das **Blechbläserensemble des Konzerthausorchesters**, das **Super Nova Percussion Ensemble** sowie die **Berlin Sinfonietta**.

Bereits 1943 wurde das **Berliner Kammer Orchester** (BKO) gegründet. 1993 formierte der Dirigent Roland Mell das Ensemble neu. Es ist eine international bunt zusammengesetzte Gruppe, die sich sowohl den Werken der Bach-Zeit als auch zeitgenössischer Musik widmet. Aus 16 bis 36 Mitgliedern besteht das **Kammerorchester Berlin**. 1945 von Helmut Koch gegründet, arbeitete es schon mit illustren Musikern wie Peter Schreier und Kurt Masur zusammen. Der Schwerpunkt des Ensembles mit den künstlerischen Leitern Katrin Scholz, Michael Sanderling und Michael Erxleben liegt auf Werken des Barock und der Wiener Klassik. Peter Schreier ist auch ständiger Gastdirigent eines von Hartmut Haenischen seit 1982 geleiteten Ensembles, das seine Wurzeln in der DDR hat: Das **Kammerorchester Carl Philipp Emanuel Bach** widmet sich der Berlin-Brandenburgischen Musiktradition, mit gelegentlichen Ausflügen ins Zeitgenössische. Internationales Renommee hat sich das 1997 von Claudio Abbado begründete **Mahler Chamber Orchestra** erspielt. Es machte sich einen Namen mit Einspielungen klassischer Meister, auch jenseits von Gustav Mahler; für die Jahre 2011 bis 2013 ist es offizieller europäischer Kulturbotschafter.

SZENE

Ab durch (die) Mitte:
Ob rauchiger Keller mit alter Jazztradition, überdimensionierter Technotempel oder abgeschrabbelte Bühne wilder Rockkonzerte – von Blue Notes über Underground bis zum Partysound hat Berlin viel zu bieten.

Arena Club

Eichenstraße 4
Kreuzberg
U: Schlesisches Tor
B: 265, Eichenstraße
E: je nach Veranstaltung
M: arenaclub@arena-berlin.de
I: www.arena-club.de

Das Arena-Gelände hat eine turbulente Zeit hinter sich – Gründer Falk Walter ging mit seinen zahlreichen Projekten in die Insolvenz. Gerettet wurde der Kulturstandort von Axel Schulz, dem Manager der Band „Ärzte".

Lange Zeit galt Falk Walter als Berlins erfolgreichster Kulturunternehmer. Das Arena-Gelände wuchs jedes Jahr um eine wieitere Attraktion. Neben der Haupthalle, ein früheres De-

Wummernde Beats direkt an der Spree: Im ehemaligen Maschinenhaus des 7.000 Quadratmeter großen Komplexes lockt der Arena Club.

pot für Busse, sind das Badeschiff, die MS Hoppetosse, das Glashaus und der Arena Club Teil des Kulturkosmos. Doch die Finanzen gerieten außer Kontrolle, Walter musste Insolvenz anmelden. Da Axel Schulz ein Konzept vorlegte, wie das gesamte Ensemble erhalten werden kann, bekam er vom Insolvenzverwalter den Zuschlag für eine Übernahme. Der Kulturbetrieb konnte ohne Unterbrechung weiterlaufen. Der Arena Club ist im Vergleich zur Arena nicht groß, aber verwinkelt: Über zwei Ebenen, verbunden durch eine Konstruktion aus Stahl und Glasbausteinen, wandeln die Besucher durch das ehemalige Maschinenhaus. Clubgänger sind eben auch so etwas wie Raumforscher. Der Tanzflächenboden ist aus Holz, was eine positive Auswirkung auf die Akustik hat. In der Regel läuft Techno oder Deep House. Das Publikum ist jung und international.

Michaelkirchstraße 23
Mitte
F: 51 05 21 34
S: Jannowitzbrücke U: Heinrich-Heine-Straße
M: kontakt@katerholzig.de
I: www.katerholzig.de

Kater Holzig

Das endgültige Ende der Bar 25 war eine Zäsur im Berliner Nachtleben. Aber schon ein Jahr später konnten die Macher mit dem Kater Holzig einen Nachfolger eröffnen.

Das neue Domizil der Bar 25 liegt vis à vis der alten Adresse, auf dem gegenüberliegenden Spreeufer. Bezogen hat das wilde Kollektiv eine alte Seifenfabrik, in der in den 90er Jahren der Technoclub Planet residierte. Viele Jahre stand das Gebäude leer und war dem Verfall preisgegeben. Die Atmosphäre einer Ruine hat man bewahren können, wenngleich das Haus aufwendig umgestaltet wurde. Mehrere nach unterschiedlichen Themen dekorierte Tanzflächen, ein Restaurant, Kino, Theater und ein schräger Wellness-Bereich zeigen die Ideenvielfalt der Macher. Eine eigene, geradezu surreale Welt ist zusammengezimmert worden. Besonders berüchtigt sind die Sasomo-Partys, die von Samstag bis Montag dauern. Leider ist auch die Türpolitik bei diesen Marathon-Veranstaltungen berüchtigt. Als Faustregel gilt: Je bunter, desto besser.

Er ist das bekannteste Gesicht des Berghains. Türsteher **Sven Marquardt** wird von den Gästen respektiert und gefürchtet. Dabei hat der „Eisenmann" mit den Tattoos im Gesicht eine sensible künstlerische Seele. Seit den 80er Jahren arbeitet Marquardt als Fotograf. Seine Werke, Porträts der Melancholie, sind in dem Fotoband „zukünftig vergangen" erschienen.

Am Wriezener Bahnhof
Friedrichshain
S: Ostbahnhof
Ö: Fr/Sa ab 24 Uhr
E: 10 €
M: support@berghain.de
I: www.berghain.de

Berghain

Weiterhin gilt das Berghain als einer der besten Clubs der Welt. Eine Institution im Berliner Nachtleben.

Die Türpolitik gilt als besonders hart, aber fair. Jedes Wochenende hoffen Tausende auf Einlass, stehen bei Wind und Wetter an, um in die freizügige Berghain-Welt einzutauchen. Insbesondere die Schwulenszene ist hier zu Hause, aber auch Heteros werden vom Berghain magisch angezogen. Angeblich hat sich in New York der Spruch „It's so berghain" für eine besonders ausschweifende Party etabliert. Das ehemalige

Heizkraftwerk gleicht einer Kathedrale, die Tanzfläche ist 18 Meter hoch. Stahl, Beton, blitzende Stroboskope und dunkle Katakomben. Die elektronische Musik wummert glasklar aus den sündhaft teuren Lautsprechern, eine akustische Offenbarung. Die Partys am Samstag gehen in der Regel bis Montag früh. In der Woche kann man erstklassige Konzerte erleben. Denn vor allem die experimentelle Musik macht das Berghain zu einem der besten Clubs der Welt.

Von außen wie ein Tempel: Das Berghain beim Ostbahnhof in Friedrichshain zählt nach wie vor zu den angesagtesten Clubs der Welt

Seine Mitarbeiter sagen er sei ein fairer Chef und Stammkunden loben seine spendable Gastfreundschaft. **Heinz Gindullis**, den alle nur Cookies nennen, bereichert das Berliner Nachtleben seit mehr als fünfzehn Jahren mit dem Club Cookies. Hinzu kommt das vielleicht beste vegetarische Restaurant der Stadt. Gindullis ist nicht nur ein fähiger Gastronom, er ist auch Idealist. Und vermutlich ist das das Geheimnis seines Erfolges.

Cookies

Als kleine Tanzbar in den 90ern eröffnet, ist das Cookies bis heute ein beliebter Treffpunkt der wichtigsten Clubs der Kreativszene

Friedrichstraße 158-164
Mitte
F: 27 49 29 40 (Reservierungen), 280 88 06
S & U: Friedrichstraße
E: je nach Veranstaltung
Ö: Di/Do 22-6 Uhr
M: cookie@cookies.ch
I: www.cookies-berlin.de

Berlin hat sich in den letzten 20 Jahren stark verändert. Aus Ruinen wurden Büros, aus Brachflächen Hotels. Einige bedauern diese Entwicklung, andere wachsen mit ihr, wie Heinz Gindullis, der von Freunden Cookies genannt wird. Seine Idee, einen Club nur dienstags und donnerstags zu öffnen, funktioniert bereits seit den 90er Jahren. Oft musste er mit dem Cookies umziehen, dabei entwickelte sich der Laden stetig weiter. Heute residiert man an vornehmer Adresse, im Kinosaal des ehemaligen französischen Kulturzentrums Friedrichstraße/Unter den Linden. Immer noch feiern Studenten, Medienleute, Werber und Musiker vor allem werktags, doch auch am Samstag hat das Cookies ab und an geöffnet. Meist legen House-DJs auf, es wird aber auch Hip-Hop gespielt. Doch es geht nicht nur ums Feiern. Cream heißt das angeschlossene vegetarische Restaurant, eines der besten der Stadt.

Edel, aber nicht schick wird seit mehr als fünfzehn Jahren im Cookies gefeiert. Nur die Adresse ist nicht die selbe. Sechs Mal musste der Club bereits umziehen.

Revaler Straße 99
Mitte
S & U: Warschauer Straße
M: martin@suicide-berlin.com
I: www.suicide-berlin.com

Suicide Circus

Die Revaler Straße in Friedrichshain wird im Volksmund auch Technostrich genannt. Klingt abschreckend, ist aber liebevoll gemeint.

Der Suicide Circus ist maßgeblich daran beteiligt, dass sich das RAW-Gelände an der Revaler Straße zu einem Feierquartier entwickelt hat. RAW steht für Reichsbahnausbesserungswerk. Mehr als 100 Jahre lang wurden auf dem Gelände Züge repariert. Dann besetzte ein linksalternatives Projekt das Gelände. Nun sind die Clubgänger da. Hinter dem Suicide Circus steckt ein alter Hase aus der Berliner Technoszene: Ralf Brendeler. Und so erinnert auch der Club an die Ästhetik der 90er Jahre. Ein schlichter Raum in einem mit Graffitis übersäten Klinkerbau. Der Außenbereich hingegen greift den verspielten Stil der Bar 25 auf. Über der Tanzfläche hängt ein Tarnnetz, das vor der Sonne schützt. Drumherum laden Sofaecken zum Herumlümmeln ein. Die Steinwände wurden mit Holz verkleidet. Das Programm ist für musikalische Überraschungen gut. Auch schräge Klänge sind erlaubt. Künstler aus dem Techno-Underground treten auf, wie damals in den 90er Jahren. Da passt dann auch die Gestaltung des Innenraums.

Nicht nur als Konzertclub eine empfehlenswerte Adresse. Im Lido ist fast jeden Abend was los. Eine feste Adresse der Indie-Fans.

Cuvrystraße 7
Kreuzberg
F: 69 56 68 40, 61 10 13 13 (Karten)
U: Schlesisches Tor
Ö: je nach Veranstaltung
E: je nach Veranstaltung
M: info@lido-berlin.de
I: www.lido-berlin.de

Lido

Schon von weitem sieht man die Anzeigentafel, Tourbusse stehen vor einem Flachbau in zweiter Reihe – das Lido hat der Schlesischen Straße seinen Stempel aufgedrückt

Wie sehr sich die Zeiten ändern. In den 50er Jahren war die Schlesische Straße Berlins Kinomeile. Mit dem Bau der Mauer wurde sie zur Sackgasse und verfiel in einen Dornröschenschlaf. Heute tobt hier wieder das Leben, beziehungsweise Nachtleben. Und mittendrin hockt der Konzertclub Lido. Mal stehen Rockstars wie Maximo Park auf der Bühne, mal erheben Legenden des Souls im ehemaligen Kinosaal mit der fantastischen Akustik die Stimme – im Lido kann man die besten Live-Musiker der Welt erleben. Am Wochenende wird dann eher gemeinsam gesungen. Partyreihen wie der Karrera Club und die Rock AG ziehen fröhlich schunkelnde Schüler und Teenager an, die gerne in Kreisformation um ihre Jacken tanzen. Wirklich schön ist der kleine Garten im hinteren Bereich des Clubs. Neben dem Lido haben die Macher weitere Musikclubs in der Nähe eröffnet. Zum einen die große Konzerthalle Astra in Friedrichshain (Revaler Str. 99) sowie den elektronischen Musikclub Bi Nu direkt unter dem U-Bahnhof Schlesisches Tor. Ein Dreieck des guten Geschmacks.

Falckensteinstraße 48
Kreuzberg
U: Schlesisches Tor
E: magnet@magnet-club.de
I: www.magnet-club.de

Magnet Club

Rund um den Bahnhof Schlesisches Tor haben sich zahlreiche Clubs angesiedelt. Der Magnet Club spricht Liebhaber handgemachter Indie-Musik an.

Den Magnet Club als Opfer zu bezeichnen, geht vielleicht etwas zu weit. Der Laden läuft. Dennoch mussten die Betreiber ein Opfer bringen und sich einen neuen Standort suchen. In der ursprünglichen Adresse im Prenzlauer Berg sitzt heute ein Bioladen. Der Club funktioniert sowohl als Konzert- als auch als Partyclub. Bekannte Bands wie die Kilians oder die Citizens! sind hier schon aufgetreten. Der Blick durch die breiten Fenster auf die U-Bahntrasse erinnert an New York. Auf zwei Ebenen feiert ein junges, bunt gemischtes Publikum zu Indie- und Popmusik. Dienstags bei der „Rockbar" ist besonders viel los. Dienstags bei der „Rockbar" ist besonders viel los. Man könnte meinen, mittwochs haben die Berliner schulfrei.

Sisyphos

Vorbei die Zeiten als Alternative lediglich Rock hören. Im Sisyphos wohnen und arbeiten Künstler, die für ein tolerantes Leben werben.

Hauptstraße 15
Lichtenberg
T: 21
M: info@sisyphos-berlin.net
I: www.sisyphos-berlin.net

Es ist eine außergewöhnliche Allianz. In Berlin hat die alternative Szene elektronische Musik für sich entdeckt und baut kunterbunte Partywelten. Auf den ersten Blick unterscheidet sich das Sisyphos nicht von anderen Clubs. In einer liebevoll geschmückten Fabrikhalle, in der früher Hundekuchen hergestellt wurden, vergnügt sich ein hippieskes Partyvolk. Die Soundanlage stammt von derselben Firma wie die des Berghains - Function One. Die Getränkepreise sind angenehm, die Eintrittspreise bewegen sich ebenfalls im Berliner Durchschnitt. Dass an diesem Ort ein Künstlerkollektiv in einer Wagenburg lebt, lässt sich nur erahnen. Ein großformatiges Wandbild prangt an einer Brandmauer, symbolisiert die Verschwendungssucht der Konsumgesellschaft. Frei von Dekadenz ist das Sisyphos aber auch nicht. Gefeiert wird oft tagelang.

Wer die Berliner Club- und Technoszene verstehen möchte, kommt an dem Buch „Klang der Familie“, erschienen im Suhrkamp-Verlag nicht vorbei. Akribisch, humorvoll und lesenswert führen die Journalisten **Felix Denk** und **Sven von Thuelen** die Protagonisten von damals zusammen, lassen die Aufbruchstimmung nach dem Fall der Mauer wiederaufleben. „Ein pophistorisches Monumentalwerk“ schreibt Jens Balzer in der Berliner Zeitung.

Stecken viel Arbeit in die Deko. Das Sisyphos ist eine kunterbunte Welt zum Feiern und Staunen.

Tresor

Sogar das japanische Fernsehen berichtete vom Tresor, als der Club seine Pforten am Potsdamer Platz schließen musste. Und auch zur neuen Adresse kommen Technofans aus aller Welt.

Köpenicker Straße 70
Mitte
U: Jannowitzbrücke
Ö: Club Mi/Fr/Sa ab 0 Uhr
E: 5-15 €
M: club@tresorberlin.de
I: www.tresorberlin.de

Im Berlin des Jahres 1991 kam kein Clubgänger am Tresor vorbei. Er war die Brutstätte härtester Techno-Musik, lag direkt an der einstigen Ost-West-Grenze und verwandelte einen jahrelang vernachlässigten Banktresor-Keller in die Ahnengalerie des Techno. Über 15 Jahre liefen an der Leipziger Straße endlose Wochenend-Partys – bis das neue Berlin hier einen Büropalast bauen ließ. Gründer Dimitri Hegemann räumte das Feld, aber er nahm die alten Schließfächer mit und baute sie in den neuen Tresor – ein ehemaliges Heizkraftwerk an der Köpenicker Straße. Nur ein kleiner Teil des riesigen Gebäudes wird für den Clubbetrieb genutzt. Die Haupthalle steht leer und wird sporadisch zur Kunsthalle.

Falckensteinstraße 49
Kreuzberg
U: Schlesisches Tor
Ö: je nach Veranstaltung ab 24 Uhr
I: www.water-gate.de

Watergate

Eine Fensterfront zur Spree bietet den perfekten Panoramablick auf die Oberbaumbrücke – ein Touristenmagnet, aber auch Wohnzimmer für viele DJs der Stadt

In den 90er Jahren fanden die besten Partys in dunklen Kellern, abgeschalteten Kraftwerken oder stillgelegten Fabriketagen statt, abgeschottet von der Außenwelt. Keiner konnte reinsehen und die Gäste nicht raus. Die Fensterfront ist das Besondere am Watergate: Sie holt die Stadt in den Club. Vor zehn Jahren wurden im Watergate noch Drum-'n'-Bass-Partys gefeiert, der internationale Durchbruch kam aber mit House und Techno. Heute gehört das Watergate zu den beliebtesten Clubs der Welt. Die Licht- und Tontechnik kostet mehr als ein Porsche. Rasend schnell bewegen sich die LED-Dioden zum Rhythmus der Musik, der Schweiß tropft von der Decke, der Bass wummert ohrenbetäubend – und währenddessen schwebt vor dem Fenster eine U-Bahn lautlos über die Brücke.

Eine der teuersten LED-Wände der Welt steht im Watergate. Blitzschnell zucken die Lichteffekte über die Besucher hinweg.

Nicht nur die Aussicht ist erstklassig. Im Weekend kann man über den Dächern der Stadt auf hohem Niveau feiern.

Weekend

Alexanderplatz 5
Mitte
U & S: Alexanderplatz
E: je nach Veranstaltung
Ö: Do-Sa ab 20, So ab 15 Uhr
I: www.week-end-berlin.de

Ein Club im Hochhaus: Über drei Etagen erstreckt sich das Weekend, verbunden durch einen Fahrstuhl – Feiern auf hohem Niveau

Über den Dächern der Stadt feiert das das Publikum generell gerne auf hohem Niveau. Frauen gehen im Gucci-Kleid aus, Männer tragen teure Hemden. Die Türsteher verlangen ab und an eine Einladung, stellen wie in der Schule Fragen nach dem Programm. Man kann es sich leisten, nicht jeden hereinzulassen. Der Club hat bereits Preise gewonnen, wie den Architekturpreis für das Innendesign. Gut durchdacht ist die rechteckige Bar, die von allen vier Seiten genutzt werden kann. Alles riecht nach gutem Geschmack, einer vernünftigen Getränkeauswahl und dem Dünkel, es bis hierher geschafft zu haben. Und wer noch höher hinaus will, kann in die 15. Etage fahren und von dort aus auf die Dachterrasse gehen. Von so hoch oben ist sogar der Alexanderplatz schön.

Schönhauser Allee 6/7
F: 50 34 86 68
U: Senefelderplatz
Ö: Mo-Fr ab 12, Sa & So ab 18 Uhr
I: www.whitetrashfastfood.com

White Trash Fast Food

Gemütlich ist was anderes – im White Trash ist es immer lärmend laut. Genau richtig, um amerikanische Underground-Bands zu hören

Do you know, where the White Trash is? In Mitte hört man am Freitagabend keinen anderen Satz. Jeder Berlin-Besucher hat schon von dem legendären Club gehört oder gelesen. Für jene, die den puren Underground verteidigen, allerdings auch der Grund, nicht mehr hinzugehen. Ursprünglich residierte das Lokal in einem ehemaligen China-Billig-Restaurant an der Torstraße, wo es wegen der kitschigen Zimmerspringbrunnen und der wüsten Partys bald Legendenstatus erreichte. Heute sind rund die Hälfte der Gäste Touristen. Vor allem Engländer und Skandinavier lieben die Mischung aus lauter Rockmusik und fettigem Essen. Echte White-Trash-Fans gehen in die Disko-Grotte mit der winzigen Bühne. Die von der Decke hängenden Gips-Stalaktiten sind, wie so vieles hier, großartig daneben. Ein genialer Ort für ästhetische Grenzerfahrungen. Und große Burger.

Erst am Abend geht es rund. Burger, Bier und Punkmusic sorgen im White Trash für ein volles Haus.

24 Stunden Berlin

Alle Adressen und Infos finden Sie im Register ab Seite 179.

Der englische DJ und Techno-Philosoph Ewan Pearson gab dem Berliner Partyvolk einen wichtigen Satz mit auf den Weg: „Don't forget to go home". Denn wenn ein Club zu macht, bildet sich oft eine Gruppe, die sich überlegt, wo sie jetzt noch hingehen könnte, statt nach Hause. Irgendwo in Berlin wird immer getanzt.

In fast jedem Bezirk gibt es eine Bar, in der man sich auf eine lange Nacht einstimmen kann. Clubbetreiber sind erfahrene Gastronomen, da liegt es nahe, nebenher eine Bar zu betreiben. Die **Fette Ecke** in Kreuzberg ist so ein Laden, oder die **Trust Bar** in Mitte. Sogar in der nördlichen, touristisch überlaufenen Friedrichstraße ist ein Trinktempel bekannt für sein szeneaffines Publikum, die **Kingsize Bar**. Friedrichshainer gehen in das **Sanatorium** oder den **Berghain Biergarten**.

Nach Mitternacht schlägt die Stunde der Clubs. Ein Ausschlusskriterium der Türsteher ist der Alkoholpegel bei großen Gruppen, also nicht zu stark vorglühen. Wirklich nennenswert voll wird es ab 2 Uhr. Wobei der Experte erst ab vier in Clubs wie dem **Watergate** oder der **Wilden Renate** erscheint. Wenn es woanders heißt: „Wir feiern bis zum Morgengrauen", dann ruft das hier nur ein süffisantes Lächeln hervor: „10 Uhr morgens? Da geht es doch erst richtig los!" In der Tat gilt die Zeit ab 10 im **Berghain** als die wildeste. Mittlerweile endet der Rave in der Haupthalle erst gegen 22 Uhr Sonntagabend, in der angeschlossenen **Panorama Bar** feiern die Leute sogar bis Montag früh. Man kann das auf den Drogenkonsum zurückführen, aber auch ein anderes Phänomen als Begründung heranziehen: das Zweischichtsystem. Ab 8 Uhr morgens kommen Leute, denen das Nachtleben zu anstrengend geworden ist, die aber trotzdem gerne tanzen. So füllen sich die Clubs sonntags mit frischen Gästen, die gerade erst gefrühstückt haben. Tanztee am Sonntag. Wie zu Omas Zeiten.

Längst kein Geheimtipp mehr: die surreale Feierwelt in der Wilden Renate

Seit vielen Jahren trifft sich im Yorkschlösschen die Kreuzberger Jazzszene.

Stammgast im A-Trane ist der Berliner Jazz-Star **Till Brönner**. Nicht nur auf der Bühne – er feiert schon mal seinen Geburtstag in dem Club und schaut abends gerne auf ein Bier herein. Sein Stil, die Trompete zu blasen, wird immer wieder mit Chet Baker verglichen. Deshalb gab er einer CD gleich den Titel „Chattin With Chet".

Jazz-Hauptstadt Berlin

Eine Auswahl für Freunde der Blue Notes: von der Session bis zum Konzertabend

Die musikalische Freiheit, die Jazz bietet, passt gut zu Berlin. Liebhaber finden überall kleine Oasen, in denen Jazz gespielt wird. Stickige Keller, zugewucherte Hinterhöfe oder noble Hotelbars – die Musik ist an vielen Ecken in der Stadt zu Hause. Hinsichtlich der Akustik und Anlage gilt das **A-Trane** in Charlottenburg als eine der wichtigsten Adressen für Jazzkonzerte. Sogar Herbie Hancock stand schon auf der kleinen Bühne, die seit 1992 existiert. Gerade Mal 100 Zuschauer passen in das Lokal. Wer noch keinen Zugang zu Jazz gefunden hat, dem seien die „Late Night Jam-Sessions" jeden Sonntag ab 0.30 Uhr empfohlen. Begnadete Musiker spielen spontan und improvisiert. Der Eintritt ist frei. Ein etablierter Laden im gediegenen Charlottenburg ist auch das **Quasimodo**. An den Wänden hängen Fotos der Musiker, die hier bereits auf der Bühne standen: Don Cherry, Art Blakey, Dizzy Gillespie und Chet Baker. Ein kleines Who is Who des Jazz. Eine Oase des guten Geschmacks ist auch der **Badensche Hof** in Wilmersdorf. Passend zur Her-

Atmosphärische Jazz-Sounds untermalen den ausgewählten Sonntagsbrunch des Duke im Ellington.

kunft des Jazz serviert man Cajun-Küche aus New Orleans, beispielsweise ein sehr gut gemachtes Jambalaya. Die Abende sind locker, geprägt durch die Liebe zum Jazz und meist preiswert und unprätentiös.

In Mitte hat sich ebenfalls ein großer Jazzladen etabliert, das **B-Flat**. In dem schlicht-schönen Raum findet so gut wie jeden Abend ein Konzert statt. Das Programm wechselt zwischen bekannten und noch unbekannten Künstlern. Weitaus weniger altbacken als der Name vermuten lässt sind die Abende im **Yorckschlösschen**, der Jazz-Institution in Kreuzberg. Weit über 100 Jahre alt ist das Lokal, seit mehr als 25 Jahren wird live musiziert. Dazu kann man bis 1 Uhr essen oder sich anderweitig die Zeit vertreiben – beim Billard oder im Biergarten. Jeder wie er will.

KÜNSTLERTREFFS

Wo man sich und wo man wen trifft. Künstler sind nicht nur eine eigene Spezies, sie haben auch ihre ganz eigenen, ausgewählten Treffpunkte. Quer durch die Stadt und mit jeweils sehr speziellem Ambiente.

Künstlerlokale

Sehen und gesehen werden – prominente Treffpunkte der Stadt

Alle Adressen und Infos finden Sie im Register ab Seite 179.

Oben auf der Brücke rauscht in einer leichten Kurve die S-Bahn vorbei, schon sanft bremsend zur Einfahrt in den nahen Bahnhof Savignyplatz. Vielleicht hat sie aber auch nur Sorge herunterzufallen. Denn dann könnte sie einen der letzten klassischen Künstlertreffs platt machen, dessen Geschichte bis in die 20er Jahre des letzten Jahrhunderts zurückreicht. Der **Diener** „im ehemaligen Tattersall des Westens“ hat nicht nur sein Ambiente unverändert erhalten, sondern auch die Attraktivität für Künstler und Promis. Die Wände sind mit Fotos all der Berühmtheiten zugepflastert, die im vom einstigen Schwergewichtsboxer Franz Diener gegründeten Lokal ihr Bier oder Bitzelwasser zischten. Natürlich reiten die Promis hier nicht mehr zu Pferde ein, weshalb von der alten Rossherberge, dem Tattersall, nur noch der Name an der Hauswand und im Kneipen-Untertitel zeugt. Zu Lebzeiten schaute Starfotograf Helmut Newton, wenn er zu Besuch in seiner alten Heimatstadt war,

Hier geht nie die Tür zu: Das „Schwarze Café“ hat 24 Stunden geöffnet.

Er war ein Star in der DDR, dann auch im Westen und blieb es mit der ihm auf den Leib geschriebenen Serienfigur „Liebling Kreuzberg“ und als „Tatort“-Kommissar Stoever auch im wiedervereinigten Deutschland: **Manfred Krug**. Der Schauspieler sitzt gerne im Diener und lässt seiner Liebe zum Jazz als Sänger des Berlin Jazz Orchesters freien Lauf.

Die Tradition von vielen Jahrzehnten hängt als Foto an den Wänden: Im Charlottenburger „Diener“ war schon fast jeder, dessen Namen man kennt.

WHITE

stets im Diener vorbei. Berühmtheiten gibt es hier viele, wozu man sich als Beweis meist nur dezent umzuschauen braucht und gar nicht unbedingt die gut 500 gerahmten Künstlerfotos an den Wänden benötigt. Höchstens für inzwischen verhinderte Stammgäste: Herbert von Karajan etwa und Hildegard Knef, Harald Juhnke und O. E. Hasse, dem seinerzeit stets ein Tisch reserviert war, an den sich auch in seiner Abwesenheit niemand setzen durfte. Andere halten heute die Künstlertreff-Tradition leibhaftig weiter aufrecht; Schauspieler wie Manfred Krug und Regisseure wie Leander Haußmann gehören genauso zu den Stammgästen wie die Musikerin Ulla Meinecke. Der Diener hat die Durststrecke nach der Wende gut überstanden, als es die Gäste der Kneipen und Restaurants rund um den Savignyplatz in den neuen, wilden Osten zog.

Eine Straßenbahn fährt am Savignyplatz schon lange nicht mehr. Doch sonst ist hier vieles beim Alten geblieben: Viele Lokale bieten ringsum bekannten und unbekannten Nachteulen Speis, Trank und Geselligkeit

Längst sind sie alle wieder da, bevölkern die alten Treffpunkte der (West-)Berliner Bohème, das Traditionslokal **Zwiebelfisch** ebenso wie das neue **Café Brel** ein paar Häuser neben dem Diener, welches nicht nur durch die Namenswahl deutlich macht, dass es ein kunstsinniges Publikum begrüßt. Künstler, Schauspieler und Schriftsteller gehören auch hier zur Stammklientel, neben Touristen und Nachteulen, denn in diesem Kiez stimmt der Slogan, dass Berlin rund um die Uhr geöffnet ist: Zu jeder Zeit kann man hier noch etwas Warmes zu essen bekommen, viele Lokale schließen erst morgens um vier und später. Oder auch gar nicht, wie das legendäre **Schwarze Café**, eine Charlottenburger Institution, deren Name an die anarchistischen Anfänge Ende der 70er erinnert – und die 24 Stunden

geöffnet hat. Sie zieht heute so unterschiedliche Gäste an wie den Promi-Friseur Udo Walz und den Jungautor Ric Graf, der „iCool“, sein Erstlingswerk über junge, desorientierte Großstädter in eben diesem Café an der Kantstraße verfasst hat.

Die Kreuzberger Kneipeninstitution **Yorckschlösschen** muss gelegentlich als Filmset herhalten, zu schön ist die gediegenangeranzte Patina des Lokals. Dann wirbeln hier schon mal Moritz Bleibtreu rum oder Eva Mattes. Eine bunte Kreuzberger Mischung wie der Blaublut-Künstler Lo Graf von Blickensdorf oder der Redakteur und Musiker der legendären ffn-„Mattscheibe“ von Oliver Kalkhofe, Karl-Johannes Schindler, sitzen am „Tisch des Grauens“ getauften Stammplatz. Schindler führt auch „extrem diskrete Monologe“ mit prominenten Yorckschlösschen-Fans von Gottfried Böttcher bis zur Jazzschlagzeug-Koryphäe Torsten Zwingenberger auf der Facebook-Seite „Freunde des Yorckschlösschens“.

Erfolg will präsentiert sein – wer in unserer Leistungsgesellschaft nicht mitteilt, was er drauf hat, kann vorzeitig warm duschen gehen. Fürs diskrete Angeben war lange Zeit die **Paris-Bar** zuständig. Sie ist so etwas wie das „Schumann's“ von Berlin, auch wenn ihr das **Borchardt** in Mitte seit geraumer Zeit den Status als Promi- und Schickimicki-Treff streitig macht. So hat das Borchardt zwar mehr Politiker, Wirtschaftsbosse, Showsternchen und Medienleute wie Bild-Kommentator Franz-Josef Wagner unter den Gästen, die Paris-Bar aber zieht regelmäßig Stars wie Otto Sander und Wim Wenders an und sie ist mit Heiner Müller Literatur geworden. Der schrieb nämlich über sie: „Wer hier eintritt, lasse alle Hoffnungen fahren,

Die Paris-Bar ist eine Alt-Westberliner Institution und bietet klassische französische Küche und prominente Stammgäste

Edel-Entertainment im Spiegelzelt: die Bar jeder Vernunft

dass er herauskommt, ehe es Morgen wird. Und dass er herauskommt als der gleiche, der hineinging." Der Kneipenbesuch führt hier also geradewegs in die Katharsis. Der Dichter muss es ja wissen. Der Stammplatz von Otto Sander ist übrigens auch zu erkennen, wenn der Schauspieler mal nicht da sein sollte (vielleicht weil er in seinem anderen Stammlokal weilt, der **Bar jeder Vernunft**): Sein Lieblingsplatz am Tresen ist mit einer Messingplakette gekennzeichnet - das ist durchaus als Auszeichnung zu verstehen.

Während sich der alte Westen langsam sein Terrain beim Ausgehvolk zurückerobert, bleiben die Meinungsführer aus Politik, Gesellschaft und Medien lieber arbeitsplatznah im Regierungsviertel. Neben dem bereits erwähnten Borchardt ist das vor allem das **Café Einstein** an der Friedrichstraße. Da sitzt am Nebentisch womöglich Wolfgang Thierse, kurz begrüßt vom eintretenden Altkanzler Gerhard Schröder, während ein paar japanische Touristen überlegen, ob da hinten nicht Hardy

Wiener Kaffeehauskultur in Berlin: das Café Einstein in Tiergarten bietet einer Berliner Melange aus Promis und Politik großbürgerliche Wohnatmosphäre

Krüger einen Kaffee schlürft, aber nein, es ist „Times"-Korrespondent Roger Boyes. Eher ein klassischer Künstlertreff ist dagegen das Stammhaus des Café Einstein in der Schöneberger Kurfürstenstraße, wo seit 30 Jahren Wiener Kaffeehauskultur in der ehemaligen Villa der Stummfilm-Diva Henny Porten ihre Berliner Adresse hat. Tatsächlich ist die „Lesebühne des Westens" die einzige ihrer Art im alten Westteil der Stadt. Das Gros dieser Szene tummelt sich in ehemaligen Ost-Bezirken. Nachdem langjährige Künstlertreffs der Prenzlberg-Szene wie das „Lampion" am Kollwitzplatz oder der „Torpedokäfer" der Schriftsteller Stefan Döring, Bert Papenfuß und Annett Gröschner das Zeitliche gesegnet haben, wird das **Kaffee Burger** in der Torstraße neuer Anlaufort. Papenfuß dokumentiert das Geschehen in seinem Fortsetzungsroman „Tanzwirtschaft". 2000 kam direkt gegenüber mit der **Gaststätte W. Prassnik** ein weiteres Künstlerlokal dazu. Dessen ostdeutsche Prägung ist unübersehbar. Es sieht aus wie ein Museum der DDR, ein gut zusammengetragenes Interieur-Ensemble realsozialistischer Designerkunst: Schachbrett-Linoleumboden, die Wände beigebraun gestrichen oder mit Rautenmuster-Tapeten aus den 70ern beklebt, die Möbel samt Sprelakat-Tischplatten scheinen aus der Originalproduktion des Möbelkombinats VEB Völkerfreundschaft zu stammen. Irritierend an dieser auf DDR-Schick getrimmten Kneipenkultur ist, dass hier auch Kölsch angeboten wird. Solcherart ironische Stolpersteine geben dann den geeigneten Wohlfühlrahmen für eine Kulturbohème, deren Kiez und Sozialisation eben nicht am eher akkuraten Savignyplatz liegt und erfolgt ist. Hier treffen sich zum Beispiel die Künstler und Autoren der Zentralen Intelligenz Agentur, darunter Bachmann-Preisträgerin Kathrin Passig. Und man trinkt zu moderaten Preisen.

Schon mit ihrem literarischen Debüt, der Erzählung „Sie befinden sich hier", spielte **Kathrin Passig** in der ersten Liga. 2006 gewann sie dafür den Ingeborg-Bachmann-Preis und den Kelag-Publikumspreis bei den Klagenfurter Tagen der deutschsprachigen Literatur. Oft trifft man sie in der „Gaststätte W. Prassnik".

Das Restaurant **Grill Royal** ist „eine Art Wohnzimmer für Menschen aus dem Kunst- und Medienbereich" (zitty). Der vom Party-Veranstalter Boris Radczun, dem Kunstsammler Stefan Landwehr und dem Galeristen Thilo Wermke Anfang 2007 eröffnete Edelgrill am Spreeufer ist schick, exklusiv und zielt auf ein arriviertes Clubpublikum. Der Promi-Faktor ist recht hoch, die Boulevard-Presse schreibt „In ist wer drin ist". Nun, Penelope Cruz war bereits da und jemand wie Tatjana Gsell wird nicht hereingelassen. Denn Berlin sei nicht München, sagt Betreiber Radczun: „Hier ist man nicht etwas, weil man ein Auto oder eine Yacht hat. Wichtiger scheint es zu sein, ein interessantes Projekt vorweisen zu können. Sonst wäre es ja hier auch so langweilig wie anderswo – nur einen Porsche kaufen zu müssen und schon kommen die Babes dazu. In Berlin ist es in jedem Fall interessanter, einen Björk-Remix gemacht zu haben."

Künstlertreffs sind natürlich auch die **Theaterkantinen**, in die jedermann vor, während und nach der Vorstellung einkehren kann. Da diskutieren in der Kantine der Volksbühne René Pollesch, Sophie Rois und Jürgen Kuttner, Nina Hoss nimmt den Eingang zum Auftritt durch die Kantine des Deutschen Theaters und in der wohl schönsten Theaterkantine, der des Maxim-Gorki-Theaters mit nettem Garten, sitzen die Schauspielstars Fritzi Haberlandt und Anja Schneider und gehen ihre Texte durch. Mitunter wird die Kantine auch zur Spielstätte, etwa bei den Spektakeltagen im Gorki. Die Kantine des Berliner Ensembles hat die größte Tradition, schließlich hat niemand Geringeres als Helene Weigel sie ursprünglich konzipiert, eingerichtet und die Speisekarte entworfen. Und sie ist vermutlich die einzige Theaterkantine, die ihr eigenes Freundesnetzwerk bei Myspace hat (myspace.com/bekantine) – auch eine Art Künstlertreff.

Die **Luise** wird oft als eine „Galerie zum Übernachten" bezeichnet, an einem der spannendsten Orte der Stadt. Alle 50 Zimmer des Hotels wurden jeweils von einem namhaften Künstler gestaltet. Ein Hotel für Kunstliebhaber, Individualisten und für Menschen, die das Besondere lieben. In bester Lage, mitten im Zentrum der pulsierenden Hauptstadt. In Sichtweite des Reichstagsgebäude und der Spree, nur wenige Gehminuten von Unter den Linden, dem Brandenburger Tor, der Friedrichstraße und dem Hauptbahnhof entfernt.

Arte Luise Kunsthotel
Luisenstr. 19, 10117
Berlin-Mitte
F: 030/28448-0
S/U: Friedrichstraße
M: info@luise-berlin.com
I: www.luise-berlin.com

KINOS

Ich schau dir in die Augen, Kleines. Ob nostalgisches Flair oder toller Service, ob brillante Bild- und Tonqualität oder herausragende Programmauswahl: Ihr Cinema Paradiso finden Kinoliebhaber in Berlin garantiert.

Cineasten-Treffpunkt: Das Arsenal im Filmhaus am Potsdamer Platz bietet in zwei Sälen Kinokunst aus aller Welt

Arsenal Filmhaus am Potsdamer Platz

Filmreihen, Festivals und Foyergespräche: ein Kino für den fortgeschrittenen Cineasten

Seit fast 40 Jahren wird im Arsenal, dem „Institut für Film- und Videokunst e. V.“, ein außerordentliches Programm gemacht. Die Pflege der Filmgeschichte und -kultur aus aller Welt ist erklärte Absicht, die in ständig wechselnden Sonderprogrammen, Vorführungen im Original mit oder ohne Untertitel, experimentellen und Dokumentar-Filmen, Studenten-Filmreihen – eben allem, was die Filmkunst hergibt – umgesetzt wird. Seit Februar 2000 befindet sich das Lichtspieltheater in zwei neuen Sälen im Filmhaus am Potsdamer Platz, gemeinsam mit der Deutschen Kinemathek und der Deutschen Film- und Fernsehakademie Berlin (dffb).

Potsdamer Straße 2
Tiergarten
F: 269 55-100
S & U: Potsdamer Platz
E: 6,50 €, erm. 5 €, Mitglieder 4,50, Kinder 3 €
M: arsenal@arsenal-berlin.de
I: www.arsenal-berlin.de

Astor Filmlounge

Bedienung, Beinfreiheit, Begrüßungsdrink: Cineastischer Luxus für den mündigen Zuschauer

Kurfürstendamm 225,
Wilmersdorf, F: 883 85 51
U: Kurfürstendamm,
B: M19, M29, 109, 110, 219
E: 10-18 €, Kinder bis 14 J: 10 €
M: info@astor-filmlounge.de
I: www.astor-filmlounge.de

Dieses Kino hat schon viele Mutationen erlebt, seit es 1948 als Kiki (Kino im Kindl) in dem 1895/96 erbauten Mietshaus eröffnet wurde. 1956 wurde es zum Ufa-Pavillion, 1972 zum Ufa-Palast und 1988 zum Filmpalast. 20 Jahre später zog hier mit der Astor Filmlounge der cineastische Luxus ein, der sich weniger aufs Programm als auf den Ort bezieht. Denn ab einem gewissen Alter sind Multiplexe ja schwer erträglich: Es riecht nach Tacos und Schmelzkäse, plärrende Teenager telefonieren im Kino und schmeißen den Popkorn-Eimer um. Das ist in der Astor Filmlounge völlig anders. Unter dem charakteristischen hufeisenförmigen Vordach mit beleuchteter Glasdecke im muschelförmigen Saal ist luxuriöse Bequemlichkeit angesagt: Es gibt eine kostenlose Garderobe, einen Begrüßungscocktail und Speisen und Getränke werden am Platz serviert, auf einem kleineren Tisch mit Beleuchtung. Vor allem aber gibt es große Sessel mit viel Beinfreiheit, verstellbaren Lehnen und Abstand zum Nebenmann. Zum Knutschen müssen Erwachsene ja nicht mehr ins Kino gehen.

Babylon Mitte

Große Raumwirkung im öffentlich geförderten Programmkino: Mischkonzept-Haus mit bewegter Geschichte

Rosa-Luxemburg-Straße 30
Mitte
F: 242 59 69
S: Alexanderplatz
U: Rosa-Luxemburg-Platz
E: Mo-So 7 €
M: tgrossman@kinoundkonzerte.de
I: www.babylonberlin.de

Berlins einziges kommunales Kino ist keins mehr, jedenfalls nicht mehr so richtig. Es ist ein Zwitter aus Programm- und kommunalem Kino. Das Babylon Mitte, wie es sich seit der Wende nennt, um sich von dem gleichnamigen Kreuzberger Bezirkskino abzugrenzen, hat eine bewegte Geschichte. Es gehört zu den ältesten noch aktiven Filmtheatern Berlins. 1929 wurde es in dem von Hans Poelzig gebauten Gebäude mit dem Film „Fräulein Else“ eröffnet. Neben Tonfilmvorführungen fanden im Babylon Theater- und Kulturveranstaltungen der jüdischen Gemeinde statt. In der Zeit des Nationalsozialismus fungierte das Kino eine Zeit lang als Zufluchtsort für Regimegegner, woran eine Gedenktafel im Foyer erinnert. Besonders an den Filmvorführer Rudolf Lunau, der in dem Kino 1933/34 eine Widerstandszelle der KPD gegründet hatte. Bereits 1948 konnte das Kino als Uraufführungs-Filmtheater wieder eröffnen. In den 80ern entwickelte es sich zum einzigen Ostberliner „Kunstkino“, dessen anspruchsvolle und vielseitige Programmgestaltung bis heute das Repertoire bestimmt. Derzeit steuert man im Babylon Mitte einer Verwässerung des Anspruchs durch Kooperationen mit anderen Kulturinstituti-

Nomen est omen: Das Cinema Paris spielt fast ausschließlich europäisches Programm mit einem 50-Prozent-Anteil französischer Filme

onen entgegen. Außerdem hat das Kino noch einen Trumpf im Ärmel: die 1929 von Philips gebaute Multiplex-Kinoorgel, die nach der Komplettüberholung bis 2008 wieder zu Stummfilmklassikern ertönt

Cinema Paris

Machts nicht mehr auf Französisch: bequemes Premierenkino und sogar rollstuhlgerecht

Kurfürstendamm 211 / im Maison de France
Charlottenburg
F: 881 31 19
U: Uhlandstraße
B: 109/110/M19/M29/219
E: Mo 5,50 €, Di/Mi 7,00 €, erm. 6,00 €, Do-So 9,00 €, erm. 8,00 €
I: www.cinema-paris.de

Auch wenn der Name und die Lage im französischen Kulturzentrum Maison de France es nahe legen: Das Cinema Paris hat nichts mit dem Institut Français zu tun. Auch sonst ist der Name nicht Programm. 1998 wurde mal ausprobiert, nur französische Filme in Originalfassung zu zeigen, aber dafür ist das Berliner Publikum wohl nicht frankophil genug. Die schlichte Eleganz des Kinos aus dem Jahr 1950 zeigt sich in viel Messing, Spiegeln und rotem Samt. Das Foyer mit dunkelgrauem Schieferboden und in beleuchteten Deckenwölbungen eingefassten Rundpfeilern ohne Sitzgelegenheiten treibt den Gast schnell ins Innere. Dort bescheren gemütliche Sitze mit Kippmechanismus in der Rückenlehne sowie sehr gute Beinfreiheit dem auch rollstuhlgerechten Kino die volle Punktzahl.

Kantstraße 12a
Charlottenburg
F: 312 10 26
S & U: Zoologischer Garten
E: Mo 5,50 €, Di/Mi 7 €, Do-So 9 €
M: info@delphi-filmpalast.de
I: www.delphi-filmpalast.de

Delphi

Reihe 17 bevorzugt: vom Tanzpalast zum beliebten Programmkino mit Lichtkrone

Das Delphi könnte locker auch als Theaterraum durchgehen, derart groß ist die Bühne vor der Leinwand. Tagsüber wird es deshalb auch vom Theater des Westens als Probebühne genutzt. Bis 1949 war hier auch gar kein Kino, das Gebäude diente als Tanzpalast. Dieses Flair prägt noch immer das äußere Erscheinungsbild und die Innenausstattung mit einer Lichtkrone an der Decke. Am beliebtesten ist die Reihe 17, weil vor dieser ein breiter Gang die Sitzreihen des Saals trennt. Deren Plätze sind am schnellsten besetzt, weil sie perfekte Beinfreiheit bieten. Heute ist das Delphi eins der beliebtesten Filmkunstkinos Berlins; hier können sogar klassische 70-mm-Filme gezeigt werden.

Er „ist" Berlin, obwohl er eigentlich aus Düsseldorf stammt. Doch seit seinem Film „Himmel über Berlin" steht der Name **Wim Wenders** für die Stadt, für die er sich auch gerne engagiert: So war er Teil des illustren Quartetts, welches das Kant-Kino vor dem Aus bewahrte.

Zeughofstraße 20
Kreuzberg
F: 611 60 16
U: Görlitzer Bahnhof
B: M29
E: Di-So 7 €, erm. 6 €, Mo 5 €
M: beermann@eiszeit-kino.de
I: www.eiszeit-kino.de

Eiszeit

Aus der Gosse zu den Filmsternen: ein Kessel Buntes mit Engagement und Experimentierfreude

In der Schöneberger Hausbesetzerszene liegen die Wurzeln des Kinos Eiszeit. Seit dem Umzug nach Kreuzberg in den zweiten Hinterhof einer alten Fabriketage professionalisierte man sich, hier sind experimentierfreudige Cineasten am Werk. Mit ihrem außergewöhnlichen Programm hat sich das Eiszeit einen guten Namen in der Berliner Kinolandschaft gemacht. Hauptmerkmal: Die Betreiberin Suzan Beermann zeigt keinerlei Berührungsängste. Dokumentarfilme über die Geschichte der Zapatistas gehen ebenso wie ein Abend mit Schwaben-Trash, No-Budget-Filmen und Videos aus Süddeutschland.

Kantstraße 54
Charlottenburg
F: 319 98 66
S: Charlottenburg
U: Wilmersdorfer Straße
B: 101/M49
E: Mo 5,50 €, Di-Mi 7 €, erm. 6€, Do - So 8 €, erm. 7€
M: kant@hackesche-hoefe.org
I: www.kantkino.com

Kant-Kino

Das Kino mit eigenem Soundtrack und schillernder Rock-'n'-Roll-Vergangenheit

Es gibt wohl nicht viele Kinos in Deutschland, denen eine weltbekannte Band ein Lied gewidmet hat. Die Simple Minds haben es getan, fürs Kant-Kino. In den 70ern sorgte das Kant für Furore – aber nicht als Kino. Unter seinem damaligen Betreiber Conny Konzack wurde das Filmtheater oft zur Konzertbühne. Hier traten AC/DC ebenso auf wie U2, die Nina Hagen Band und Herman Brood & his Wild Romance. Ab 1983 wurde das Gebäude an der Kantstraße dann wieder ein ganz normales Programmkino. Als im Jahre 2001 der Betreiber, die Münchner Kinowelt AG, in die Schieflage geriet, wäre fast auch das Aus für das Kant-Kino gekommen. Doch dann hat sich ein illustres Quartett gefunden, um das Lichtspielhaus zu retten: Der Regisseur Wim Wenders, der Filmverleiher Christoph Ott und die Kinobetreiber Gerhard Groß und Burkhard Voiges. Und zur Berlinale 2002 spielte tatsächlich auch wieder eine Rockband im Kant: BAP, zur Premiere des Wenders-Films über die Kölschrocker.

Moviemento

Wo Herr Topp das Kintopp erfand und Tom Tykwer Filmrollen einlegte: Kino mit Kultpotenzial

Kottbusser Damm 22
Kreuzberg
F: 692 47 85
U: Hermannplatz, Schönleinstraße
E: Di-So 7,50 €, erm. 6,50 €, Mo 5 €
M: post@moviemento.de
I: www.moviemento.de

Sagenumwoben ist dieses Kreuzberger Kino. Seit 1907 werden im ersten Stock des Wohn- und Geschäftshauses Filme gezeigt. Der erste Betreiber war ein Herr Topp, und die Legende besagt, dass die Bezeichnung „Kintopp" auf ihn zurückzuführen sei. Gut 60 Jahre später raste hier Meat Loaf jahrelang mit seinem Motorrad durch die „Rocky Horror Picture Show". In den 80ern gehörte ein gewisser Tom Tykwer zu den Betreibern, damals bekam das Kino auch seinen heutigen Namen Moviemento verpasst. Inzwischen macht Tykwer längst selbst sehr erfolgreich Filme, „Lola rennt" inzwischen bis nach Hollywood. Das Moviemento ist für sein engagiertes und gutes Off-Kinoprogramm bekannt. Neben Erstaufführungen laufen hier Kultfilme vergangener Jahre, gerne auch in der Originalfassung.

Titania-Palast

Berlinale-Debüt, Marlene Dietrich und Skandale: der Glanz der frühen Jahre eines Mainstream-Kinos

Gutsmuthstraße 27/28
Steglitz
F: 0180 / 50 50 520
S: Feuerbachstraße
U: Walther-Schreiber-Platz
B: M48/186
E: 6,90-8,90 €, Kinder 4,50-6 €
M: Titania.berlin@cineplex.de
I: www.titania.de

Kaum glaublich, das war einmal Berlins glanzvollstes Kino. In dem Gebäude mit einem 30 Meter hohen Lichtturm wurde der alte Titania-Palast am 26. Januar 1928 eröffnet. Er bot 2.071 Sitzplätze und war prunkvoll eingerichtet. Den Zweiten Weltkrieg überlebte das Haus unzerstört, das war wichtig, denn nun begann die Glanzzeit der Spielstätte. Sie wurde ein bedeutendes Zentrum des gesellschaftlichen und kulturellen Lebens der Stadt. Die Berliner Philharmoniker gaben hier ihr erstes Konzert nach dem Krieg und die Freie Universität gründete sich in diesem Haus. In den folgenden Jahren ging es jedoch zunehmend bergab mit dem Kinopalast. 1966 schloss er und wurde zum Geschäftshaus umgebaut. Erst seit 1995 gibt es hier wieder ein Kino mit fünf Sälen. Der heutige Titania-Palast spielt Mainstream-Ware und Blockbuster, hat aber auch ein tägliches Kinderprogramm im Repertoire.

Max-Steinke-Straße 43/
Antonplatz
Weißensee
F: 92 79 12 00
T: M4, M13, 12
E: Mo+Do 5 €, Di/Mi/
Fr-So 7, erm. 5,50 €€
M: kontakt@kino-toni.de
I: www.kino-toni.de

Toni

Senta Berger is waiting: das Cinema Paradiso von Regisseur Michael Verhoeven

Das Toni ist nichts Geringeres als die Erfüllung eines Traumes. Des Traums eines Filmemachers von seinem eigenen „Cinema Paradiso". Der Inhaber heißt Michael Verhoeven. Der Regisseur hat sich vor allem mit zeitkritischen Filmen über die jüngste Vergangenheit Deutschlands einen Namen gemacht, seit über 30 Jahren ist Verhoeven mit der Schauspielerin Senta Berger verheiratet. Sein ganz persönliches Kino hat er wie ein Aquarium dekoriert. Mit korallenähnlichen Gebilden und flimmernden Lichteffekten imaginiert er eine Unterwasserwelt. Das Toni hat noch einen kleinen Bruder, der zweite Saal wurde auf den Namen Tonino getauft. Das Programm bringt Blockbuster ebenso wie Dokumentarfilm-Premieren, täglich gibt es Kindervorstellungen.

1951 fand hier die erste Berlinale statt: Nach einer wechselvollen Geschichte ist der Titania Palast heute ein modernes Cineplex-Kino

UCI-Kinowelt Zoo-Palast

Die guten Zeiten sind vorbei: schillernde Geschichte, begraben in West-Berlin und unter Nebelwerfern

Hardenbergstraße 29a
Charlottenburg
F: 25 41 47 77
S & U: Zoologischer Garten
E: Mo-Do 6,50 €, Fr-So 7,50 €, erm. 4-5,50 €
M: zentrale@uci-kinowelt.de
I: www.uci-kinowelt.de

Auch dieses Kino schrieb Geschichte. Seit der Eröffnung 1957 bis zum Jahr 1999 war der Zoo-Palast Austragungsort des Berlinale-Wettbewerbs. Über seinen roten Eingangsteppich schritten viele Stars des Kinos: von Walt Disney bis Jodie Foster, von Tom Hanks bis James Stewart, von Jacques Tati bis Steven Spielberg. Auch außerhalb der Filmfestspiele war der Zoo-Palast durch seine zentrale Lage das Premierenkino Westberlins. Doch nicht nur mit dem Wegzug der Berlinale zum Potsdamer Platz hat der Zoo-Palast einiges von seiner Aura eingebüßt. Nachdem die UCI-Kinokette den aus insgesamt neun Sälen bestehenden Kinokomplex 1994 gekauft und komplett umgebaut hatte, verlor der unter Denkmalschutz stehende Palast viel seines 50er-Jahre-Flairs und individuellen Charakters. Derzeit wird es umgebaut und soll spätestens zur Berlinale 2014 wiedereröffnen.

Xenon

Vom ersten Kinematographentheater Berlins zum Austragungsort eines permanenten Festivals des homosexuellen Films

Kolonnenstraße 5
Schöneberg
F: 78 00 15 30
U: Kleistpark
E: Do-Mo 6 €, Kinotag Di 4, Mi 4,50 €
M: service@xenon-kino.de
I: www.xenon-kino.de

Man muss Prioritäten setzen. Überwiegend schwul-lesbischen Filmen und Thematiken hat sich das Xenon verschrieben. Interessanterweise hat diese Programmauswahl dem Bundesminister des Inneren so gut gefallen, dass sie ihm wiederholt eine Auszeichnung wert war. Die Urkunden sind im Foyer aufgehängt und zur Bewunderung freigegeben.
Noch etwas anderes macht aus dem Xenon etwas Besonderes in der Berliner Kinolandschaft: seine Geschichte. Das 1909 im Erdgeschoss eines fünfstöckigen Wohnhauses eröffnete Kino war eines der ersten Kinematographentheater Berlins.

MUSEEN

Mit vielen kleinen und großen Sammlungen darf sich Berlin schmücken. Die riesige Museumslandschaft bietet auch für den Liebhaber des Besonderen ausgefallene Möglichkeiten.

Berliner Museumsinsel
Mitte
F: 20 90-58 01, 20 90-55 77
S & U: Friedrichstraße, Hackescher Markt
T: 12, M1, Am Kupfergraben, M2, M4, M5, M6, Hackescher Markt
B: 100/200, Lustgarten, TXL Staatsoper
Ö: Di/Mi/Fr-So 10-18, Do 10-22 Uhr
E: 8 €, erm. 4 €
M: ang@smb.spk-berlin.de, besucherdienste@smb.spk-berlin.de
I: www.smb.museum

Alte Nationalgalerie

Romantik bis Realismus im sanierten Tempel auf der Museumsinsel: Hier trifft Caspar David Friedrich auf Anselm Feuerbach und breiten sich Schinkels Bauvisionen aus

Berlin hat seine Akropolis zurück. Die europäische Kunst des 19. Jahrhunderts aus der Sammlung Preußischer Kulturbesitz ist nun wieder vereint – auf drei Etagen im pompös-melancholischen, mit Liebe zum Detail herausgeputzten Tempelbau am Ufer der Spree.

Im wieder zugänglichen Dachgeschoss wartet der Höhepunkt romantischer Malerei aus Deutschland: Caspar David Friedrichs „Mönch am Meer" trifft auf seine „Abtei im Eichwald" und viele andere seiner Einsamkeitsbilder. Im Nachbarsaal breiten sich Karl Friedrich Schinkels gemalte Bauvisionen aus, in denen der Architekt seiner Antiken- und Gotiksehnsucht realitätsnahen Ausdruck verlieh. Um wichtige Skulpturen der Zeit ergänzt, erhält die weltweit einzigartige Sammlung deutscher Romantik nach Exiljahren im Schloss Charlottenburg einen zwar weniger verträumten, dafür umso prominenteren Platz an ihrem ursprünglichen Aufbewahrungsort.

Das riesenhafte Treppenhaus bietet mit Anselm Feuerbachs „Gastmahl" und Ausblicken auf die 1999 zum Weltkulturerbe erklärte Museumsinsellandschaft eindrückliche Blickfänge und führt den Besucher hinab zur Kunst der Jahrhundertmitte. Zentral ist hier zum einen der Saal mit französischem Impressionismus von Monet und Manet. Zum anderen dominiert der deutsche Symbolismus. Hans von Marées' aparte Orangenpflücker, Arnold Böcklins todeslüsterne Gemälde und Feuerbachs schwülstige Mythologien wirken wundervoll gedankenschwanger im Gegensatz zu den Lichtspielen der Franzosen nebenan.

Mit Adolf Menzel endet der Rundgang durch die Alte Nationalgalerie, die Friedrich August Stüler mit Unterstützung von Friedrich Wilhelm IV. entwarf. Die Idee des Nationalstaates, welche die Gründungsväter der Galerie mit den Mitteln der bildenden Kunst unterstützen wollten, konnte das letzte Jahrhundert nicht überleben. Menzels großformatigen, unvollendeten Versuchen, das Kaiserreich noch einmal bildhaft heraufzubeschwören, wohnt bereits ein grandioses Scheitern inne. Bestechend lebendig und nach wie vor zeitgemäß sind dagegen Menzels kleine Ölstudien, die sich in der Apsis des Tempels in Kabinetten verstecken. Spannend auch die wechselnden Ausstellungen; hier ging es jüngst um das Bild Friedrichs des Großen bei Adolph Menzel. Derweil der großartige chilenisch-amerikanische Konzeptkünstler Alfredo Jaar mit installativen Arbeiten vertreten war.

Zwischen 1867 und 1876 errichteter preußischer Kunsttempel und ein Must-See auf der Museumsinsel: die Alte Nationalgalerie

Klingelhöferstraße 14
Tiergarten
F: 254 00 20
U: Nollendorfplatz
B: 100/187/343/M29
Ö: Mi-Mo 10-17 Uhr
E: 6-7 €, erm. 3-4 €
M: bauhaus@bauhaus.de
I: www.bauhaus-archiv.de

Bauhaus-Archiv

Ikonen moderner Architektur am Landwehrkanal – das Museum für Gestaltung begeistert auch mit Teekannen und Sitzmöbeln

Die weißen Viertelkreise, die die Frontalansicht des Bauhaus-Archives bekrönen, gehören fest zur Kultursilhouette Berlins. Direkt am Landwehrkanal gelegen, wirken die gebrochenen Dachwellen eher wie futuristische Dampferschornsteine als

Famose Architektur von Walter Gropius: Das Bauhaus-Archiv am Landwehrkanal informiert über die Geschichte der legendären Kunstschule

wie ein lichtspendendes Fensterdach. Im Archiv darunter wartet auch kein Aktenstaub, sondern Kunst und Kunstgewerbe aus dem frühen 20. Jahrhundert. So steht in der ständigen Sammlung des Bauhaus-Archives das große Originalmodell des Dessauer Bauhaus-Gebäudes von 1925. Weiß, rechtwinklig, funktional und seiner Entstehungszeit weit voraus. Aber auch der „Licht-Raum-Modulator" von Lászlo Moholy-Nagy, das zweite Prunkstück der Ausstellung, ist ein Überflieger. Die erste Skulptur, die Licht und Bewegung vereint, zudem den Ausstellungsraum integriert und dabei noch interaktiv ist: Per Knopfdruck drehen sich die Spiegel, Metallgitter und Kunststoffplatten der Kunstmaschine. Von Herbert Bayers Typografien über die Teekannen von Marianne Brandt bis zu Marcel Breuers Stühlen reicht der beeindruckende Bestand an Designobjekten. Schön, dass es in den Sonderausstellungen auch um weniger bekannte Bauhaus-Künstlerinnen geht.

Bodestraße 1-3
Monbijoubrücke/
Am Kupfergraben
(Eingang)
Mitte
F: 20 90-55 77 (Information Museumsinsel)
S & U: Friedrichstraße
B: 100, 348, 147
Ö: Mi/Fr-So 10-18,
Do 10-22 Uhr
E: 8 €, erm. 4 €
M: besucherdienste@
smb.spk-berlin.de
I: www.smb.museum

Bode-Museum

Nach sechs Jahren Abwesenheit endlich wieder zu sehen: Skulpturensammlung und Museum für Byzantinische Kunst

Seit 2006 sind im Bode-Museum die Bestände der Skulpturensammlung und des Museums für Byzantinische Kunst der Öffentlichkeit nach mehrjähriger Bauzeit wieder zugänglich: die grandiosen Marmorbüsten der italienischen Renaissance, die Holzskulpturen des süddeutschen Barocks und die byzantinischen Elfenbeinschnitzereien. In dem Gebäude mit der dominanten Kuppel, den zwei repräsentativen Treppenhäusern und Themenräumen wie der „Basilika" wurde die ursprüngliche Farbgebung wiederhergestellt, gleichzeitig erhielt das Haus die neueste Beleuchtungs- und Klimatechnik. Ergänzt werden die ständigen Sammlungen durch ausgewählte Werke der Gemäldegalerie. Im Souterrain lockt das Münzkabinett mit rund 500.000 Objekten. Zu seinem 300. Geburtstag ist 2012 Friedrich der Große mit seinen Münzen und Medaillen Thema.

Der dreieckige Neo-Barockbau des Bode-Museums gehört genauso zum UNESCO-Weltkulturerbe wie die restlichen vier Häuser der Museumsinsel

Unter den Linden 13-15
Mitte
F: 20 20 93-0
S & U: Friedrichstraße
S: Unter den Linden
U: Stadtmitte, Französische Straße
B: 100/200
Ö: tgl. 10-20, Do 10-22 Uhr (nur noch bis Dezember 2012 geöffnet)
E: 4 €, erm. 3 €, Mo frei
M: berlin.guggenheim@db.com
I: www.deutsche-guggenheim-berlin.de

Deutsche Guggenheim Berlin

Die Internationale von Kunst und Kapital – Abteilung Berlin: Konzentrierter Genuss mit großen Glasscheiben von Gerhard Richter und kleinen Quadraten von Malewitsch

Die Deutsche Guggenheim Berlin ist ein erfolgreiches Joint Venture aus Kunst und Kapital. Der eine Partner, die Deutsche Bank, besitzt Geld im Tresor, aber auch Papierarbeiten in der hauseigenen Kunstsammlung. Der andere Partner, die Solomon R. Guggenheim Foundation, besitzt viele Kunstwerke in ihren Depots, aber auch ein lukratives Firmenimperium. 1997 eröffnete die 510 Quadratmeter große Ausstellungshalle im Gebäude der Deutschen Bank Unter den Linden. Damit hat das Guggenheim neben Gehrys spektakulärem Flaggschiff in Bilbao und einer kleinen Filiale in Venedig sein drittes europäisches Standbein. Mindestens eine der vier Ausstellungen im Jahr zeigt ein Auftragswerk der Bank, darunter waren schon Schauen von Gerhard Richter und Kasimir Malewitsch.

Gut für konzentrierte Kunsterlebnisse: das Deutsche Guggenheim an Berlins Prachtmeile Unter den Linden

Unter den Linden 2
Mitte
Ausstellungshalle von I. M. Pei
Hinter dem Gießhaus 3
Mitte
F: 203 04-0, 203 04-444 (Info)
S: Friedrichstraße, Hackescher Markt
U: Französische Straße, Hausvogteiplatz
B: 100/200/TXL
Ö: tgl. 10-18 Uhr
E: 5 €, unter 18 Jahren frei
I: www.dhm.de

Deutsches Historisches Museum

Fragen an die deutsche Geschichte – die Biografie Deutschlands mit allen Ecken und Kanten, europäisch gespiegelt

Vergangenheit und Gegenwart zeigen sich nicht nur in den Exponaten des Deutschen Historischen Museums (DHM), sondern auch im Bau und seinem Umfeld. Zwei berühmte Architekten legten hier Hand an. Schinkels Altes Museum und die Neue Wache befinden sich in direkter Nachbarschaft zum Museumsstandort hinter dem Zeughaus. Während Schinkel die Architekturgeschichte des 19. Jahrhunderts prägte, gestaltete der Walter-Gropius-Schüler Ieoh Ming Pei die des 20. Jahrhunderts. Der gefeierte chinesisch-amerikanische Architekt, dem der Pariser Louvre seine berühmte Pyramide verdankt, schuf die Ausstellungshalle für das Deutsche Historische Museum. Transparenz, Licht und Bewegung sind das Programm eines Gebäudes mit beeindruckenden Perspektiven und räumlichen Verschränkungen, die den Besucher auf vier Ebenen immer wieder neue, überraschende Ausblicke auf die architektonische Nachbarschaft werfen lassen. Eine ge-

lungene Korrespondenz zwischen Bauwerken der Vergangenheit und Gegenwart.
In diesem Umfeld findet ein Geschichtserleben deutscher Chronik der letzten tausend Jahre statt. Das Deutsche Historische Museum (DHM) stellt die Biografie Deutschlands durchaus kontrovers und kritisch aus. Zuvor hatte im Berliner Zeughaus von 1952 bis 1990 das vom ZK der SED gegründete „Museum für Deutsche Geschichte“ seinen Sitz. Das Museums- und Ausstellungskonzept des DHM ist da natürlich viel pluralistischer

Urban und transparent: der Neubau des Deutschen Historischen Museums

und demokratischer. „Aufklärung“ und „Verständigung“ sind Zentralbegriffe der Zielsetzung: „Das Museum soll den Bürgern unseres Landes helfen, sich klar zu werden, wer sie als Deutsche und Europäer, als Bewohner einer Region und Angehörige einer weltweiten Zivilisation sind.“

Das ist ein hehrer und schöner Ansatz, vor allem wenn man bedenkt, dass das Zeughaus – übrigens das älteste Gebäude des Boulevards Unter den Linden – früher ganz anderen, nämlich kriegerischen Zwecken diente. Von 1731 bis 1876 nutzte das preußische Militär das Gebäude als Waffenarsenal. Schon im 18. Jahrhundert war es das größte Waffendepot Brandenburg-Preußens. Mit dem Deutschen Historischen Museum geht es darin fraglos ziviler zu. In der Dauerausstellung werden Dokumente zur Geschichte in möglichst vielfältigen Beziehungen präsentiert, vor allem in ihrem europäischen Zusammenhang und der regionalen Vielfalt.

Dalí
DIE AUSSTELLUNG
AM POTSDAMER PLATZ
Kulturtipp
Berlin Mitte
Täglich geöffnet: Mo. - Sa. 12 - 20 Uhr
So. & Feiertage 10 - 20 Uhr (24.12. geschlossen)
S U Potsdamer Platz
Eingang: Leipziger Platz 7
PARTNER
BERLIN HIGHLIGHTS
Hommage à S. Dalí by DaVial
Infos: 0700DaliBerlin (0700 - 325 423 75) | Tickets: www.DaliBerlin.de
(0,14 €/Min. aus dem deutschen Festnetz, Mobilfunkpreise abweichend bis zu 0,42 €/Min.)
Mit über 450 Exponaten, aus privaten Sammlungen weltweit, der wohl umfangreichste Einblick in Salvador Dalís virtuose und experimentierfreudige Meisterschaft in nahezu allen Techniken der Kunst direkt in Berlins pulsierender Mitte.
www.DaliBerlin.de

Deutsche Kinemathek – Museum für Film und Fernsehen

Das Gedächtnis der Bilder unter den Sternen des Kinohimmels – eine anschauliche Reise durch die deutsche Film- und Fernsehgeschichte

Er soll sogar Greta Garbo zum Lächeln gebracht haben. Der gebürtige Berliner **Ernst Lubitsch** brachte es mit Hollywood-Komödien wie „Ninotchka" oder „Sein oder Nichtsein" zu Weltruhm. Von 1986 bis 1999 saß er im ersten Platz der 18. Reihe im inzwischen geschlossenen Schöneberger Kino Notausgang: Die Figur, eine Huldigung des Kinobetreibers Gunter Rometsch, steht heute im Kassenbereich des Filmmuseum Berlin

Hier wohnen Heinz Rühmann und Marlene Dietrich – und auch Fritz Lang. Genau genommen wohnt im Filmhaus natürlich nur ihr Nachlass, aber wer will schon kleinlich sein? In der Hinterlassenschaft von Stars steckt immer ein faszinierendes Glitzern. Und im Archiv des Museums für Film und Fernsehen lagern mehr als 380 Nachlässe und Teilnachlässe von Persönlichkeiten und Betrieben der Filmbranche. Das Filmhaus beherbergt nicht nur die Sammlungen der Deutschen Kinemathek und ihre Bibliothek, dazu die ständige Ausstellung zur Film- und (seit 2006) Fernsehgeschichte sondern auch eine Filmschule (dffb) und zwei Kinos (Arsenal 1 + 2). Die ganze Welt der bewegten Bilder unter einem Dach, weshalb das Film- und Fernsehmuseum sich auch neudeutsch „House of moving Images" nennt. All das ist ziemlich einmalig in Europa.
Seit es im Februar 1963 (damals noch unter dem Namen Deutsche Kinemathek e. V.) gegründet wurde, hat man fleißig gesammelt, sehr fleißig: über eine Million Szenen-, Porträt- und Werkfotos, 30.000 Drehbücher, 20.000 Plakate, 60.000 Filmprogramme, Zulassungskarten, filmografische und biografische Materialien, Architektur- und Kostümskizzen, Nachlässe sowie Projektoren, Kameras und Zubehörgeräte von 1895, der Frühzeit des Kinos, bis heute. Etwa 12.000 deutsche und ausländische Stumm- und Tonfilme lagern im Filmhaus und werden an nichtkommerzielle Spielstätten ausgeliehen. Seit 1977 konzipiert und organisiert das Museum dazu die Retrospektiven der Berlinale. In der Fernseh-Programmgalerie können über 1.000 Sendungen in ganzer Länge angesehen werden – Sternstunden des Fernsehens aus Ost und West.

Potsdamer Straße 2
Tiergarten
F: 30 09 03-0
S & U: Potsdamer Platz
Ö: Di-So 10-18, Do 10-20 Uhr
E: 6 €, erm. 4,50, Schüler 2 €, Familienkarte 12 €
M: info@deutsche-kinemathek.de
I: www.deutsche-kinemathek.de

Ethnologisches Museum

Expedition in fremde Welten und Kulte – Zeitreise zu Kunst und Kulturen der Welt von Afrika bis zur Südsee

Das Ethnologische Museum ist seit des Wegzugs der europäischen Sammlungen zum Kulturforum in Tiergarten mit seinem Alleinstandort in Dahlem ein wenig an die Peripherie gerückt. Es muss Besucherrückgange verkraften. Dabei besitzt es eine beachtliche Sammlung außereuropäischer Kunst und gehört

Lansstraße 8
(Besuchereingang)
Dahlem
F: 83 01-438
U: Dahlem-Dorf
B: 101/110/X11/X83
E: 6 €, erm. 3 €
Ö: Di-Fr 10-18, Sa/So 11-18 Uhr
M: service@smsb.museum
I: www.smb.spk-berlin.de

zu den größten und bedeutendsten seiner Art: Nahezu 500.000 Objekte aus allen Erdteilen, ein großer Bestand an Tonaufnahmen, Fotodokumenten sowie Filmen, dazu eine wissenschaftliche Fachbibliothek mit 70.000 Monografien und 450 laufenden Fachzeitschriften lassen das Herz jedes Ethnologen höher schlagen. Auch für Freizeitethnologen ist reichlich sinnliches Futter vorhanden, besonders in Form der großen Bootshalle in der Dauerausstellung „Südsee" zu Kulturen aus Ozeanien und Australien. Hier sind unterschiedlichste Wasserfahrzeuge vom einfachen Rindenkanu bis zu hochseetauglichen Kähnen ausgestellt, darunter auch ein begehbares Doppelrumpfboot der Tonga-Inseln – es ist eine Rekonstruktion nach Skizzen von James Cook.

Doch natürlich ist das Ethnologische Museum (bis 1999 Museum für Völkerkunde) keine Tourismusbörse. Es sammelt, bewahrt und erforscht vor allem die materiellen Kulturzeugnisse vorindustrieller Gesellschaften. Durch das systematische Er-

Von Stummfilm-Pionieren wie Max Skladanowsky bis zum postmigrantischen Kino eines Fatih Akin: Eine Reise durch die deutsche Filmgeschichte bietet die Deutsche Kinomathek

Noch findet die Weltreise in Dahlem statt – doch das Ethnologische Museum wird in ein paar Jahren mit seinen außereuropäischen Kulturschätzen nach Mitte ziehen

fassen von Relikten überwiegend außereuropäischer Kulturen will man diese vor dem Vergessen bewahren. Es gibt Sammlungen zu Afrika, amerikanischer Archäologie, amerikanischer Ethnologie, Europa, islamischem Orient, Ost- und Nordasien, Süd- und Südostasien, Südsee und Australien sowie Musikethnologie. Die Afrika-Sammlung mit hervorragenden Werken aus fünf Jahrhunderten zählt zu den bedeutendsten der Welt. Nun soll der ethnologische Schatz neu sortiert und aufgewertet ans Publikum gebracht werden. Im „Humboldt Lab Dahlem" tüftelt man an ausgefallenen Konzepten. Denn perspektivisch soll die ganze außereuropäische Völkerkunde nach Mitte umziehen ins Humboldtforum im wieder zu errichtenden Berliner Stadtschloss. Da es bis dahin aber noch etwas länger dauern kann, hat man schon mal ein Schaufenster in der „Humboldt-Box" auf dem Schlossplatz eingerichtet.

Gemäldegalerie

Jedem seine Mona Lisa – Meisterwerke vom 13. bis 18. Jahrhundert in rauen Mengen, von Botticelli über Dürer bis Rembrandt

Kulturforum Potsdamer Platz / Eingang Matthäikirchplatz 4-6
Tiergarten
F: 266 29 51
S & U: Potsdamer Platz
B: M48/200/M29/M41
E: 8 €, erm. 4 €
Ö: Di/Mi, Fr-So 10-18, Do 10-22 Uhr
M: gg@smb.spk-berlin.de
I: www.smb.museum

Die 162 Mäzene, deren Namen in der Eingangsrotunde stehen, stimmen gleich auf das Kommende ein: Was in den Sälen hängt, ist höchste Kunst in riesigen Mengen – die Gemäldegalerie bietet 1.300 Bildwerke vom Feinsten. Allesamt Maler, die keinen Vornamen mehr nötig haben: Botticelli, Dürer, Cranach, Brueghel, Velázquez, Vermeer und Poussin geben sich ein Stelldichein auf 7.000 Quadratmetern. Bei so viel Auswahl findet jeder seine Mona Lisa: zum Beispiel die „Madonna in der Kirche“, die Jan van Eyck 1425 übergroß im Kleinformat verewigte. Oder Rembrandts „Mann mit dem Goldhelm“, der gar nicht von Rembrandt ist. Den Altarraum im kathedralenartigen Grundriss der Galerie hat Rembrandt fest im Griff. Mit 16 Gemälden - Originale wohlgemerkt - dominiert er die Präsentation.

Wilhelm von Bode sorgte wie kein Zweiter für das Weltniveau der Galerie, die 1830 im Alten Museum eröffnet wurde. Als Direktor von 1890 bis 1929 konnte er in der Blütezeit des städtischen Mäzenatentums Meisterwerke der abendländischen Malerei vom 13. bis ins 18. Jahrhundert erwerben. Nach dem Zweiten Weltkrieg war die Sammlung zerschlagen. Ein Teil zerstört, ein anderer im Ostberliner Bode-Museum ausgestellt und der dritte Teil seit 1957 in Dahlem ausgelagert. Ein absurdes Szenario bot sich im Westen noch bis in die 90er Jahre: Die wenigen Besucher verliefen sich täglich in den verschachtelten Räumen des Dahlemer Museumskomplexes und suchten die Giottos, Tizians, Rubens und Gainsboroughs.

Seit 1998 ist nun alles wieder vereint und wohlfeil geordnet. Die Architekten Hilmer & Sattler entwarfen den Neubau an der südwestlichen Ecke des Kulturforums am Kemperplatz. Für 140 Millionen Euro entstand eine Pinakothek von Weltrang unweit der Neuen Nationalgalerie. Ein fast zwei Kilometer langer Rundgang führt durch 53 Säle und Kabinette. Sauber sind die Gemälde in der Hauptgalerie nach Entstehungsort, -zeit und zum Teil nach Gattungen sortiert. Die Altdeutschen, Flamen und Holländer werden vor schilfgrüner, weißgrauer und taubenblauer Seide serviert, die Südeuropäer jenseits der Säulenhalle vor Rosarot. Überhaupt sind die seidenbespannten Wände das Schönste, was die Innenausstattung zu bieten hat. Ihr edler Schimmer versetzt die Bilder in einen Schwebezustand, der die Räumlichkeit des Gemalten zauberhaft verstärkt.

Laut Planung der Stiftung Preußischer Kulturbesitz soll die Gemäldegalerie in Zukunft zurück ins erweiterte Bode-Museum auf die Museumsinsel. Bernd Wolfgang Lindemann, Direktor der Galerie, wünscht sich dagegen einen neutralen Erweiterungsbau.

Hamburger Bahnhof

Kiefers Blei-Bibliothek und Merz' Iglu - das „Museum für Gegenwart“ ist für Überraschungen gut

Invalidenstraße 50-51
Tiergarten
F: 39 78-34 11
S: Hauptbahnhof
U: Zinnowitzer Straße
E: 12 €, erm. 6 €, Sonderausstellung 8 €, erm. 4 €
Ö: Di-Fr 10-18, Sa 11-20, So 11-18 Uhr
M: hbf@smb.spk-berlin.de
I: www.hamburgerbahnhof.de

Für Erleuchtung und Aufklärung über zeitgenössische Kunst sorgt das selbst erklärte „Museum für Gegenwart“ seit November 1996. Mittlerweile finden in dem Gemäuer die jüngsten Werke aus der Nationalgalerie, Exponate aus der Sammlung Marx sowie der Friedrich Christian Flick Collection auf 10.000 Quadratmetern Unterschlupf. Der Löwenanteil entfällt auf die lichte Haupthalle, die ein eisernes Tragwerk dominant überspannt. Hier hinein passen metall- und steingraue Großskulpturen, wie der „Berlin Circle“ von Richard Long, das Iglu von Mario Merz und die Blei-Bibliothek von Anselm Kiefer. Die Neupräsentation der hauseigenen Sammlung ab September 2009 trägt den Titel „Die Kunst ist super!“. Sonderschauen über Kunstrichtungen oder Einzelpräsentationen wie die zu Hans-Peter Feldmanns dokumentarischer Arbeit „Die Toten“ (noch bis Januar 2013) runden das Programm der Institution ab.

Eins der schönsten Museen Berlins: der in den Anfangszeiten des Schienenverkehrs gebaute Hamburger Bahnhof

Schlossplatz 5, Mitte
F: 01805 030 707
Bus 100, 200, TXL
Ö: Mo-So 10-20 Uhr
E: 4 €, erm. 2,50 €, Kinder bis 12 Jahre frei
M: info@humboldt-box.com
I: www.humboldt-box.com

Humboldt-Box

Berlin aus Pappe: Ausblicke aufs neu entstehende Stadtschloss und dessen zukünftige Nutzung

Da es bis 2018 und dem Wiederaufbau des Berliner Stadtschlosses noch etwas hin ist, und weil noch rund 60 Millionen Euro für den Wiederaufbau der Fassaden fehlen, steht seit 2011 am Ort des designierten altdekorierten Neubaus ein kubisch geformter Großklotz in knalligem Türkis als Spendensammelkasten. Das ist das Informationszentrum „Humboldt-Box", deren Herzstück, ein maßstabgetreues Modell von Berlins historischer Mitte um 1900, im ersten Jahr schon 300.000 Besucher angezogen hat. Die Box dient aber auch als Visitenkarte der Institutionen, die später ins künftige „Humboldt-Forum" des Stadtschlosses einziehen werden, darunter das Ethnologische Museum und die Berliner Zentral- und Landesbibliothek. Von einer Terrasse aus hat der Besucher auch die Möglichkeit, den Fortgang der Bauarbeiten zu verfolgen. Das kann man übrigens auch von Zuhause aus machen: Eine Webcam beobachtet die Baustelle live: http://sbs-humboldtforum.de/Berliner-Schloss/Bauvorhaben

Überdimensionaler Spendenkasten: Die Humboldtbox bietet Ausblicke auf den Schlossplatz und auf dort Entstehendes

Jüdisches Museum

Im extravaganten Blitzbau von Daniel Libeskind befindet sich das größte jüdische Museum Europas

Daniel Libeskinds postmoderner Zick-zack-Bau: Fensteransicht im Treppenhaus des Jüdisches Museum

Lindenstraße 9-14
Kreuzberg
F: 25 99 33 00
U: Hallesches Tor, Kochstraße
B: M29/M41/265
E: 5 €, erm. 2,50 €
Ö: Mo 10-22, Di-So 10-20 Uhr
M: info@jmberlin.de, fuehrungen@jmberlin.de
I: www.juedisches-museum-berlin.de

Es ist ein Superlativ: das größte jüdische Museum Europas. Über ein halbes Jahrhundert nach dem Völkermord an den europäischen Juden stellt es deutsch-jüdische Geschichte von den frühesten Zeugnissen bis in die Gegenwart dar, ist Forschungs- und Dokumentationsstelle wie auch Veranstaltungsort. Das Gebäude, nach Plänen des Architekten Daniel Libeskind errichtet, gehört zu den extravagantesten Bauten Berlins. Mit der eigenwillig blitzförmigen Architektur sei Libeskind „ein Monument der Verstörung gelungen", lobt die Presse.
Die historische Dauerausstellung gibt Einblick in das Leben und die Schicksale deutschsprachiger Juden. Für die Museumsmacher gilt es, die Vielfalt jüdischen Lebens in Deutschland zu zeigen, und wie diese die deutsche Gesellschaft geprägt und mitgestaltet hat. Ihr Credo: „Wir wollen lebendig machen, was zerstört wurde." Im Blitzbau-Museum geht es nicht nur um die Darstellung deutsch-jüdischer Vergangenheit – es soll auch pädagogisch wirken, als Vorbeugung gegen Rassismus.

Eigentlich wollte **Daniel Libeskind** Musiker werden. Er gab jedoch die Musik zugunsten der Architektur auf. Im Jahr der Maueröffnung zog der 1946 in Polen als Sohn jüdischer Holocaust-Überlebender geborene Architekt nach Berlin, wo er das Jüdische Museum errichtete. Inzwischen lebt Libeskind in New York.

Martin-Gropius-Bau

Imposantes im Schein von Stuck, Gold und Marmor: Unweit des florierenden Kreuzberger Kunstkiezes behauptet sich der Gropius-Bau als wichtige Ausstellungshalle

Niederkirchnerstraße 7/Ecke Stresemannstraße 110
Kreuzberg
F: 254 86-0
S & U: Potsdamer Platz
S: Anhalter Bahnhof
B: M29/M 41
E: je nach Veranstaltung
Ö: Mi-Mo 10-19 Uhr
M: post@gropiusbau.de
I: www.gropiusbau.de, www.berlinerfestspiele.de

Der Gropius-Bau, westlich des Grenzstreifens zwischen Kreuzberg und Mitte gelegen, fristete nach dem Zweiten Weltkrieg lange ein Mauerblümchendasein. Erst 1981 war das kriegszerstörte Gebäude mit Senatsmitteln wiederhergestellt worden. Seitdem besitzt es wieder den Charme des Königlichen Kunstgewerbemuseums, das Martin Gropius und Heino Schmieden 100 Jahre zuvor entwarfen. Mit imposanten Ausstellungen sorgte der Bau in den 80ern für frischen Wind in der Kunstenklave West-Berlin. „Zeitgeist" hieß die erste Sensation, die hier 1982 die Gegenwartskunst in weltstädtischen Ausmaßen ausbreitete und dabei der jungen, wilden Malerei aus Berlin zum Durchbruch verhalf. Dies gab den folgenden Großprojekten im Haus die Richtung vor: Berlin suchte Anschluss an die globale Kulturindustrie und fand besonders in der Stiftung Deutsche Klassenlotterie einen freizügigen Finanzier. Verschiedene Organisationen besorgen seitdem die Inszenierungen von Kunst, Geschichte, Film und Ethnologie. Ein Großteil der Ausstellungen wird mittlerweile von den Berliner Festspielen organisiert und in der Vergan-

genheit sorgten Ausstellungen wie „Ägyptens versunkene Schätze" für Besucherandrang. Zu den jüngsten Highlights gehörte eine umfangreiche Retrospektive zum Werk des wohl bekanntesten japanischen Künstlers: Hokusai („Die große Welle bei Kanagawa").

Museum für Asiatische Kunst

Lansstraße 8
Dahlem
F: 830 13 82
U: Dahlem-Dorf
B: 101/110/X11/X83
E: 6 €, erm. 3 €
Ö: Di-Fr 10-18, Sa/So 11-18 Uhr
M: besucherdienste@smb.spk-berlin.de, oak@smb.spk-berlin.de
I: www.smb.museum

Ein Mythentempel der Religionen: zu Besuch bei den Göttern und Glaubensmodellen des indo-asiatischen Kulturraums

Indien – das Land der Maharadschas und Märchen – hat von Goethe bis zu den Beatles viele Abendländler fasziniert. Ein Land zwischen unermesslicher Prunksucht und erbärmlicher Armut, voller Tradition und tief empfundener Spiritualität. Und ungefähr zehn Flugstunden von Deutschland entfernt – oder auch nur ein paar Ecken.

Berlin Dahlem-Dorf. Hier finden wir nicht nur Indien, sondern gleich den ganzen Subkontinent und die angrenzenden Länder. Das ehemalige Museum für Indische Kunst, jetzt: Kunst-

Jüdisches Museum Berlin
Zwei Jahrtausende deutsch-jüdische Geschichte
361 Tage im Jahr für Sie geöffnet.
Das Museum ist geschlossen an den jüdischen Feiertagen Rosch ha-Schana (17. + 18. Sept. 2012 / 5. + 6. Sept. 2013) und Jom Kippur (26. Sept. 2012 / 14. Sept. 2013) sowie an Heiligabend (24. Dez.)
Lindenstr. 9 – 14 · 10969 Berlin
Tel. +49 (0)30 – 25993 – 300
WWW.JMBERLIN.DE
WWW.FACEBOOK.COM/JMBERLIN

sammlung Süd-, Südost- und Zentralasien zeigt nämlich neben Indischem auch Kunst und Kunsthandwerk aus Pakistan, Afghanistan, Sri Lanka, Nepal und Tibet. Wandmalereien sind in Wände eingelassen, Skulpturen entsprechend ihrem natürlichen Standort in Nischen ein- und auf Sockeln ausgestellt. Die indische Kultur wird in einer Vielzahl von Objekten aus fast 3.000 Jahren, angefangen von Siegeln und Keramikexponaten aus prähistorischer Zeit und Skulpturen aus verschiedenen Epochen des Hinduismus bis zum Buddhismus mit nahezu lebensgroßen Buddha- und Bodhisattwa-Skulpturen vorgeführt. Auch die dritte in Indien entstandene Religion, der Jainismus, ist mit Kultbildnissen vertreten.
Weltberühmt ist das Museum aber durch seine „Turfan"-Sammlung, die das architektonische Zentrum der Ausstellung bildet. Benannt nach dem Zielort der ersten von vier königlich-preußischen Zentralasien-Expeditionen zeigt sie Wand- und Textilmalereien, Stoffbilder sowie Lehm- und Holzfiguren aus dem 2. bis 12. Jahrhundert. Eine nach ihren Originalmaßen rekonstruierte Kulthöhle mit mächtiger Kuppel und teilweise Originalbemalung ist Hauptattraktion des Museums.

Museum für Kommunikation

Leipziger Straße 16
Mitte
F: 20 29 40
U: Stadtmitte, Mohrenstraße
B: M48/200
E: 3 €, erm. 1,50 €
Ö: Di 9-20, Mi-Fr 9-17, Sa/So 10-18 Uhr
M: mfk.berlin@mspt.de
I: www.mfk-berlin.de

Zurück in die Zukunft: vom Materiellen zum Virtuellen mit Brief, Telefon, TV, Computer und Internet

Nichts ist langweiliger als eine Briefmarkensammlung. Was aber, wenn sich darin die berühmteste und wohl legendärste Briefmarke der Welt befindet: die „Blaue Mauritius"? Im Museum für Kommunikation ist sie zu sehen. Dabei ist sie nur ein spektakuläres Exponat unter vielen, die in dem aufwendig restaurierten, wilhelminischen Prunkbau an der Leipziger Straße gezeigt werden. Bis man zur „Blauen Mauritius" vorstößt, hat man auf seinem Rundgang bereits mit Robotern kommuniziert und neue Medien getestet.
Denn in dem Ausstellungskonzept steht die berühmte Briefmarke nur für einen Aspekt in der Geschichte der Kommunikation - und zwar für einen nahezu überholten. Mehr als die Vergangenheit interessiert hier die Deutung von Kommunikation für Gegenwart und Zukunft. „Wege der Verständigung" zeichnet das Museum nach, das 1872 als erstes Postmuseum der Welt öffnete.
Begrüßt wird man von der Zukunft. Drei Roboter rollen durch den eindrucksvollen Lichthof mit seinen dreigeschossigen Galerien und geben gute Ratschläge. Wem es etwas peinlich ist, mit Maschinen zu reden, der kann sich in der „Schatzkammer" unter dem Lichthof die 17 kostbarsten Exponate des Museums ansehen. Etwa den ins All gereisten „Kosmos-Stempel", die ersten Telefonapparate von Bell, Fernsehröhren aus der Steinzeit des Fernsehens oder eben die „Blaue Mauritius".

Prominent platziert an der Leipziger Straße: das Museum für Kommunikation

Invalidenstraße 43
Mitte
F: 20 93-85 91
S: Nordbahnhof
U: Naturkundemuseum
B: 157/340/245
T: 6/8/13/50
E: 6 €, erm. 3,50, Familien 11 €
Ö: Di-Fr 9.30-17, Sa/So 10-18 Uhr
M: ausstellungen@mfn-berlin.de
I: www.museum.hu-berlin.de

Museum für Naturkunde

Zwischen Jurassic Park und Brehms Tierleben: Dinos, Meteoriten und Meeresreptilien zeugen von der Evolution des Lebens

Es ist das größte und traditionsreichste naturhistorische Museum in Deutschland, und sein ganzer Stolz ist 13,2 Meter hoch, 23 Meter lang und ziemlich vom Fleisch gefallen. Kein Wunder, denn er ist 150 Millionen Jahre alt. Als der Brachiosaurus brancai in der Jurazeit sein Dasein fristete, ahnte er vermutlich kaum, dass er mal dem Berliner Museum für Naturkunde, einer Einrichtung der Humboldt-Universität, zu einem Superlativ verhelfen würde: Sein Knochengerüst ist das größte in einem Museum aufgestellte Saurierskelett der Welt. Doch der Star der Sammlung hat Konkurrenz bekommen: „Big Al“. Zähnefletschend ragt der Allosaurier durch die Wand ins Foyer. Beängstigend realistisch rekonstruiert ist der Schädel, von hinten zeigt sich der Urzeiträuber allerdings skelettiert. Museum kann Spaß machen, was das Motto der neuen Säle illustriert: „Evolution in Aktion“.

Der Brachiosaurus ist beileibe nicht das älteste Exponat. Diesen Rekord hält ein 4,6 Milliarden Jahre alter Meteorit aus der Zeit der Entstehung des Sonnensystems. Auch die sich in bemerkenswerter Farben- und Formenvielfalt zeigenden gut 3.400 Stücke von 1.077 Mineralarten der Sammlung können auf ein beachtliches Alter zurückblicken. Hervorgegangen aus dem Königlichen Mineralienkabinett, finden sich in der Mineraliensammlung übrigens auch historisch bedeutende Stücke aus dem Besitz Alexander von Humboldts. Das berühmte Fossil des Urvogels Archaeopteryx lithographica ist ebenfalls ein Glanzstück der Sammlung, denn mit diesem Fossil konnte

Evolution in Aktion: Ein imposanter Jurassic Park von Dinosaurierskeletten im Naturkundemuseum

die Tatsache der organischen Evolution belegt werden. Eindrucksvoll beweist es die Abstammung der Vögel von den Reptilien. Bisher wurden nur sieben fossile Reste dieser Spezies gefunden. Das „Berliner Exemplar“ im Naturkundemuseum zeichnet sich durch den sehr guten Abdruck des Gefieders im Plattenkalk aus.
Insgesamt bietet das Museum auf rund 6.000 Quadratmetern Ausstellungsfläche mit über 7.600 Exponaten einen repräsentativen Überblick der Evolution des Lebens auf der Erde.

Potsdamer Straße 50
Tiergarten
F: 266-26 51, 266-2951
S & U: Potsdamer Platz
B: M48/200/M29/M41
E: 8 €, erm. 4 €
Ö: Di/Mi/Fr/Sa/So 10-18, Do 10-22 Uhr
E: nng@smb.spk-berlin.de
I: www.smb.museum

Neue Nationalgalerie

What a Feeling – durch 70 Jahre westliche Hochkultur: Mies van der Rohes imposanter Stahlpavillon ist Berlins kongenialster Ort für die Kunst des 20. Jahrhunderts

Seit ihrer Vollendung 1968 beweist die Neue Nationalgalerie, wie sehr sich architektonische Wagnisse lohnen. Auf einem wuchtigen Natursteinsockel thront der Stahlskelettbau, umsäumt von Außenskulpturen. Riesige Glasplatten bilden die Außenhaut des Museums, Tageslicht durchflutet das fast wandlose obere Ausstellungsgeschoss. Dieser Raum alleine ist ein Kunstwerk. Im fast doppelt so großen Untergeschoss ist auf 4.425 Quadratmetern genügend Platz für Sonderausstellungen von Picasso und Co. sowie die Bestände der Nationalgalerie. Im Rücken des Untergeschosses schließt sich ein Skulpturengarten an, der im Sommer königliche Ruhe bietet.
Die Stiftung Preußischer Kulturbesitz beauftragte Mies van der Rohe an seinem 75. Geburtstag 1961 mit dem Neubau einer Nationalgalerie im Westteil der Stadt. Zwei Sammlungen sollte sie beherbergen: zum einen die Werke aus der Alten Nationalgalerie, die nach dem Zweiten Weltkrieg im Westen geblieben waren. Zum anderen die 1945 gegründete Sammlung der Galerie des 20. Jahrhunderts, die den Verlust von über 400 Werken der Moderne durch die Naziherrschaft wieder gutmachen sollte. Nach der Umstrukturierung der Museen im wiedervereinten Berlin beheimatet die Neue Nationalgalerie nun Skulpturen und Gemälde von Beginn des 20. Jahrhunderts bis in die 60er Jahre. Der Rundgang im Untergeschoss führt chronologisch – aber nicht lückenlos – durch 70 Jahre westlicher Hochkultur. Ein Glanzlicht fällt dabei auf die Prostituierten am „Potsdamer Platz“, die der Expressionist Ernst Ludwig Kirchner 1914 düster und kantig auf der Leinwand festhielt.
Zu den Kernstücken der Sammlung gehören elf Gemälde von Max Beckmann, die einen Querschnitt durch sein Schaffen von 1906 anbieten. Danach zeigen Otto Dix und George Grosz, wie man in Neuer Sachlichkeit gegen das Spießertum anmalte. Die üblichen Modernen folgen: Max Ernst, Paul Klee, Wassily Kandinsky. Informel, „l’art brut“ und die Gruppe „Cobra“

Ob „MOMA“ oder Gerhard Richter: Die Neue Nationalgalerie sorgt des Öfteren für veritable Kassenschlager

vertreten die Zeit des Wiederaufbaus der europäischen Malkultur. Den krönenden Abschluss bildet das terrorgeprüfte Riesenformat „Who's afraid of Red, Yellow and Blue IV“, das letzte Gemälde des New Yorkers Barnett Newman. Am 13. April 1982 fühlte sich tatsächlich ein Student von Rot, Gelb und Blau provoziert und beschädigte die 16,6 Quadratmeter große Leinwand. Newmans Bild erfuhr im Jahr 2004 eine besondere Wiedergutmachung: Die Neue Nationalgalerie wurde Nobelherberge für Meisterwerke aus dem Museum of Modern Art. Das „MoMA in Berlin“ sorgte für die längsten Warteschlangen, die Berlin je vor einem Museum gesehen hat. Auch das Gastspiel des Metropolitan Museum of Art („Die schönsten Franzosen kommen aus New York“) bescherte der Nationalgalerie ein volles Haus. Unlängst wurde Malerfürst Gerhard Richter eine imposante Retrospektive zuteil - noch so eine Schau im Mies-Bau mit internationaler Strahlkraft.

Neues Museum – Ägyptisches Museum / Museum für Vor- und Frühgeschichte

Von der Steinzeit über Ägypten ins antike Troja – Schätze und Kulturentwicklung der Menschheit aus 2,5 Millionen Jahren am neuen Ort

Hier wohnt die schönste Frau Berlins. Und die verführerischste Königin des Altertums ist ihre Nachbarin: Die Ägypterinnen Nofretete und Kleopatra residieren im Neuen Museum. Seit der Bau aus dem 19. Jahrhundert nach Entwürfen des britischen Architekten David Chipperfield 2009 abschließend renoviert wurde, sind die Sammlungen des Ägyptischen Museums (vormals im Alten Museum) und die Exponate des Museums für Vor- und Frühgeschichte (vormals im Schloss Charlottenburg) im Neuen Museum zusammengeführt. Damit befindet sich die ägyptische Sammlung mit einer der größten überregionalen Sammlungen zur Entwicklung der Kulturen der Alten Welt unter einem Dach. Sammlungsübergreifend sind hier Exponate der menschlichen Kulturgeschichte von der Altsteinzeit bis ins Mittelalter zu bestaunen.

Der Schwerpunkt der Ausstellung liegt auf der alten Geschichte Europas und des Mittelmeerraums, aber auch asiatische Fundstücke werden präsentiert. Neben den Ägyptern mit ihren Sarkophagen ist die Heinrich-Schliemann-Sammlung mit ihren berühmten „Trojanischen Altertümern" ein Herzstück des Neuen Museums. Darin zeichnen etwa 500 Ausstellungsstücke die 3.000-jährige Geschichte der antiken Stadt Troja nach. Aber auch der Fund eines Neandertalers von Le Moustier sowie reichhaltige Grabbeigaben aus der Merowingerzeit sind Highlights der Ausstellung. Genau wie ein verwittertes Papyrus aus dem Jahre 31 vor Christus, das eine Randbemerkung mit der Handschrift Kleopatras enthält – es ist die weltweit einzige bisher entdeckte handschriftliche Überlieferung der berühmten Pharaonin.

Neues Museum
Bodestraße 1
Mitte
F: 26 63 66 0
U: Friedrichstraße
S: Hackescher Markt
I: www.smb.spk-berlin.de

Ägyptisches Museum
Besuchereingang
Bodestraße 1-3
10178 Berlin
F: 20 90-55 77 (Information Museumsinsel)
S & U: Friedrichstraße
B: 100, 348, 147
Ö: Mo-Mi/Fr-So 10-18, Do 10-22 Uhr
E: 8 €, erm. 4 €
M: besucherdienste@smb.spk-berlin.de
I: www.smb.museum

Museum für Vor- und Frühgeschichte
Besuchereingang
Neues Museum,
Bodestraße 1-3, F: 32 67-48 40
U: Richard-Wagner-Platz, Sophie-Charlotte-Platz
S: Friedrichstraße
B: 109/M45/309/X9
E: 10 €, erm. 5€
Ö: So-Mi 10-18 Uhr, Do-Sa 10-20 Uhr
M: mvf@smb.spk-berlin.de
I: www.smb.museum

Das von Friedrich August Stüler errichtete Neue Museum war nach den Bombenangriffen des Zweiten Weltkriegs jahrzehntelang eine ungesicherte Kriegsruine. Nach umfassenden Sanierungs- und Restaurierungsarbeiten ist es seit Oktober 2009 wieder geöffnet.

Berliner Museumsinsel
Eingang Am Kupfergraben 5
Mitte
F: 20 90 55 77
S & U: Friedrichstraße
S: Hackescher Markt
B: 100/147/200/TXL
T: 12, M1, M2, M4, M5, M6
E: 8 €, erm. 4 €
Ö: Mo-Mi/Fr-So 10-18, Do 10-21 Uhr
M: besucherdienste@smb.spk-berlin.de, ant@smb.spk-berlin.de
I: www.smb.museum

Pergamonmuseum

Der Besuchermagnet Nummer eins unter den Museen zeigt beispielhafte Präsentationen antiker Monumentalarchitektur

Dieses Haus liegt bei den Besucherzahlen unangefochten an der Spitze der Berliner Museen – knapp eine Million Menschen besichtigen die Sammlung jährlich. Vor allem wegen des raumfüllenden Exponates, das dem Museum den Namen gegeben hat. Sein Anblick überwältigt: der Pergamon-Altar, ein Teil der Tempelruinen aus Pergamon in Kleinasien. Eine riesige Treppe füllt eine Seite des hallenartigen Raumes, die anderen Wände werden weitgehend von Reliefs beherrscht und dazwischen lockt eine Fülle von Einzelobjekten und Modellen. Aber natürlich ist der prächtige Altar des Zeus und der Athena, dessen Skulpturenfries zu den Glanzstücken hellenistischer Baukunst gehört, nicht das einzige bedeutende Kunstwerk im Museum. Inzwischen beherbergt es sogar gleich fünf Museen: das Vorderasiatische Museum, die Ostasiatische Sammlung, das Islamische Museum, das Museum für Volkskunde und schließlich die größeren Exponate der Antikensammlung. Doch der Pergamonaltar ist nun mal die Hauptattraktion und eigentlich auch der Anlass dafür, dass das Arsenal überhaupt errichtet wurde. Als man 1897 die Grabungen in Pergamon abschloss und die bedeutenden Funde nach Berlin transportierte, trat den verantwortlichen Herren ein Problem unübersehbar vor Augen: wohin damit? Der Generaldirektor der Berliner Museen, Wilhelm von Bode, beauftragte den Architekten Alfred Messel mit dem Bau eines Ausstellungshauses. Es sollte das 1830 von Karl Friedrich Schinkel mit dem klassizistischen Prachtbau des Alten Museums begonnene Museumsinsel-Ensemble städtebaulich vollenden. Mehr als 20 Jahre dauerte der Bau.

Auch ein zweites, weltberühmtes Ausstellungsstück erhält darin 1930 sein Domizil: das Ischtar-Tor von Babylon, im Originalmaßstab rekonstruiert. Das spätbabylonische Portal kennzeichnet den Beginn einer Prachtstraße der antiken Weltmetropole. Sie war ursprünglich zwischen 20 und 24 Metern breit und etwa 250 Meter lang. Auf den Wandflächen befinden sich Darstellungen von Löwen, Stieren und Drachen als Symbole der Hauptgottheiten Babylons.

Die beispielhafte Präsentation antiker Monumentalarchitektur geht weiter. Mit der auf einer Länge von 33 Metern und einer Höhe von fünf Metern mit zwei Tortürmen aufgebauten Prachtfassade der jordanischen Wüstenresidenz von Mschatta wird ein anschauliches Bild früh-islamischer Baukunst gegeben. Erst 1840 entdeckt, kam der größere Teil der mit Reliefs bedeckten Fassade aus dem 8. Jahrhundert 1903 in das damals im Bau befindliche Kaiser-Friedrich-Museum (das heutige Bode-Museum). Die Überführung gibt ein Jahr später den Anstoß

Das imposanteste unter den Berliner Museen, das Pergamonmuseum mit seinen Rekonstruktionen antiker Bauten, wird seit 2008 abschnittsweise saniert - es bleibt jedoch dabei für Besucher weiterhin zugänglich

zur Einrichtung einer Islamischen Abteilung an den Museen, die Monumente stehen in ebenso gewaltigen Architektursälen. Wie in keinem anderen Museum der Welt sind hier in ihrer Größe überwältigende Rekonstruktionen unter Einbeziehung originaler Fundstücke zu bestaunen. Raumwirkung und Proportionsverhältnisse antiker Baukunst werden sinnlich erlebbar. Daneben werden in ständigen Ausstellungen zahlreiche andere Funde aus Mesopotamien, Griechenland und Rom gezeigt – von Götterstatuen über Handwerkszeug bis zu Münzen nahezu die ganze Palette antiker Geschichte.

Topographie des Terrors

Im Auge des Bösen, dem „Ort der Täter" – die Dauerausstellung zum Nazi-Terror ist eine Mahnung gegen den Faschismus

Niederkirchnerstraße 8
Kreuzberg
F: 25 45 09 50,
25 45 09-55
S & U: Potsdamer Platz
S: Anhalter Bahnhof
E: frei
Ö: Okt.-April tgl. 10-18 bzw. bei Dunkelheit, Mai-Sept. tgl. 10-20 Uhr
M: ausstellung@topographie.de
I: www.topographie.de

Hier war das Zentrum des Bösen. Von diesem Ort aus wurden die Befehle zur Verfolgung und Ermordung politischer Gegner und ganzer Völker – der Juden, Sinti und Roma – gegeben.

Zwischen Propaganda und Terror: Die Ausstellung in den Ausgrabungen entlang der Niederkirchnerstraße thematisiert Berlin zur Nazi-Zeit

Hier wurden die organisatorischen Voraussetzungen für die Deportation und Vernichtung geschaffen.
Die Stiftung und Ausstellung „Topographie des Terrors" hinter dem Martin-Gropius-Bau hat ihren Sitz auf dem ehemaligen „Prinz-Albrecht-Gelände" zwischen Stresemann- und Niederkirchnerstraße. Hier befanden sich zwischen 1933 und 1945 die zentralen Institutionen des NS-Verfolgungsapparates: GeStaPo, die SS-Führung, der Sicherheitsdienst der SS (SD), ab 1939 auch das Reichssicherheitshauptamt. Dort war auch das „Hausgefängnis" der GeStaPo: Es bestand aus 33 Zellen und wurde für Häftlinge genutzt, an deren Vernehmung die GeStaPo ein besonderes Interesse hatte. Hier saßen Mitglieder des deutschen Widerstands zwischen den Folterverhören genauso ein wie der bekannte Berliner Rabbiner Leo Baeck.
Nach 1945 wurde das Gelände planiert und als Schutt- und Verkehrsübungsplatz genutzt. Erst 1986 wurden die Kellergewölbe wieder freigelegt. 1987, im Rahmen der 750-Jahr-Feier Berlins, wurde darin in einer provisorischen Ausstellung die Geschichte des Ortes dokumentiert. Das stieß in der Öffentlichkeit auf so viel Widerhall, dass sie zunächst auf unbestimmte Zeit verlängert wurde. 1992 wurde die „Topographie des Terrors" gegründet. Seit 1995 arbeitet sie als eine selbstständige Stiftung öffentlichen Rechts und wird gemeinsam vom Land Berlin und der Bundesrepublik Deutschland getragen. Ziel ist die Vermittlung der Geschichte des Nationalsozialismus und die Anregung zur Auseinandersetzung mit der NS-Vergangenheit und ihren Folgen.

Leipziger Platz 7
Mitte
F: 206 735 86 - 0
U/S: Potsdamer Platz
E: 11, ermäßigt 9 Euro
Ö: Mo-Sa 12-20,
So und Feiertage
10-20 Uhr
M: info@daliberlin.de
I: www.daliberlin.de

Dalí – Die Ausstellung am Potsdamer Platz

Großartige Schätze aus Salvador Dalís Oeuvre locken in Berlins touristischer Mitte

Wer kennt sie nicht die zerfließenden, die weichen Uhren des vielleicht wichtigsten, in jedem Fall aber prominentesten Vertreter des Surrealismus? Es geht um niemand Geringeren als Salvador Felipe Jacinto Dalí i Domènech. Kurz: um Salvador Dalí. Seit 2009 verfügt der zentral gelegene Potsdamer Platz über ein imposantes kulturelles Highlight: Mehr als 450 Exponate aus privaten Sammlungen sind hier dauerhaft zu bestaunen. Wer hätte 1989, in Dalís Todesjahr, erwartet, dass sich der Potsdamer Platz derart entwickeln würde? Und wer hätte ferner gedacht, dass hier 20 Jahre nach Dalís Tod und auch zwei Dekaden nach dem Mauerfall eine so umfangreiche Surrealismus-Präsentation entsteht? Das privat getragene Museum jedenfalls deckt die ganze Spannbreite von Dalís Schaffen ab: Lithografien, Zeichnungen, Radierungen, Holzschnitte und Bücher sind genauso darunter wie Dokumente, Arbeitsbelege, originale Grafiken und komplette Mappenwerke, dreidimensionale Arbeiten und Skulpturen. Zu den Höhepunkten gehören etwa die frühesten Lithografien des Künstlers über den „Don Quichotte de la Mancha“ oder die Skulptur des „Surrealistischen Engel“. Die so genannten Dalí_Scouts stehen stündlich für Führungen bereit und beantworten auch sonst gern Fragen. Rund 1500 Quadratmeter ist die Ausstellungsfläche groß, und es gibt auch einen Café-Bereich, in dem man Dalís Traumvisionen Revue passieren lassen kann. Der 1904 geborene Spanier mit dem gezwirbelten Bärtchen soll einmal gesagt haben: „Der einzige Unterschied zwischen mir und einem Verrückten ist der, dass ich nicht verrückt bin! “ Wenn Berlin, diese oftmals auch so surreal anmutende Metropole, sprechen könnte – wer weiß, vielleicht würde sie ganz ähnlich Worte finden, wie der spanische Meister.

Der berühmteste, der surrealistischste Zwirbelbart der Kunstgeschichte: Dalí – die Ausstellung am Potsdamer Platz

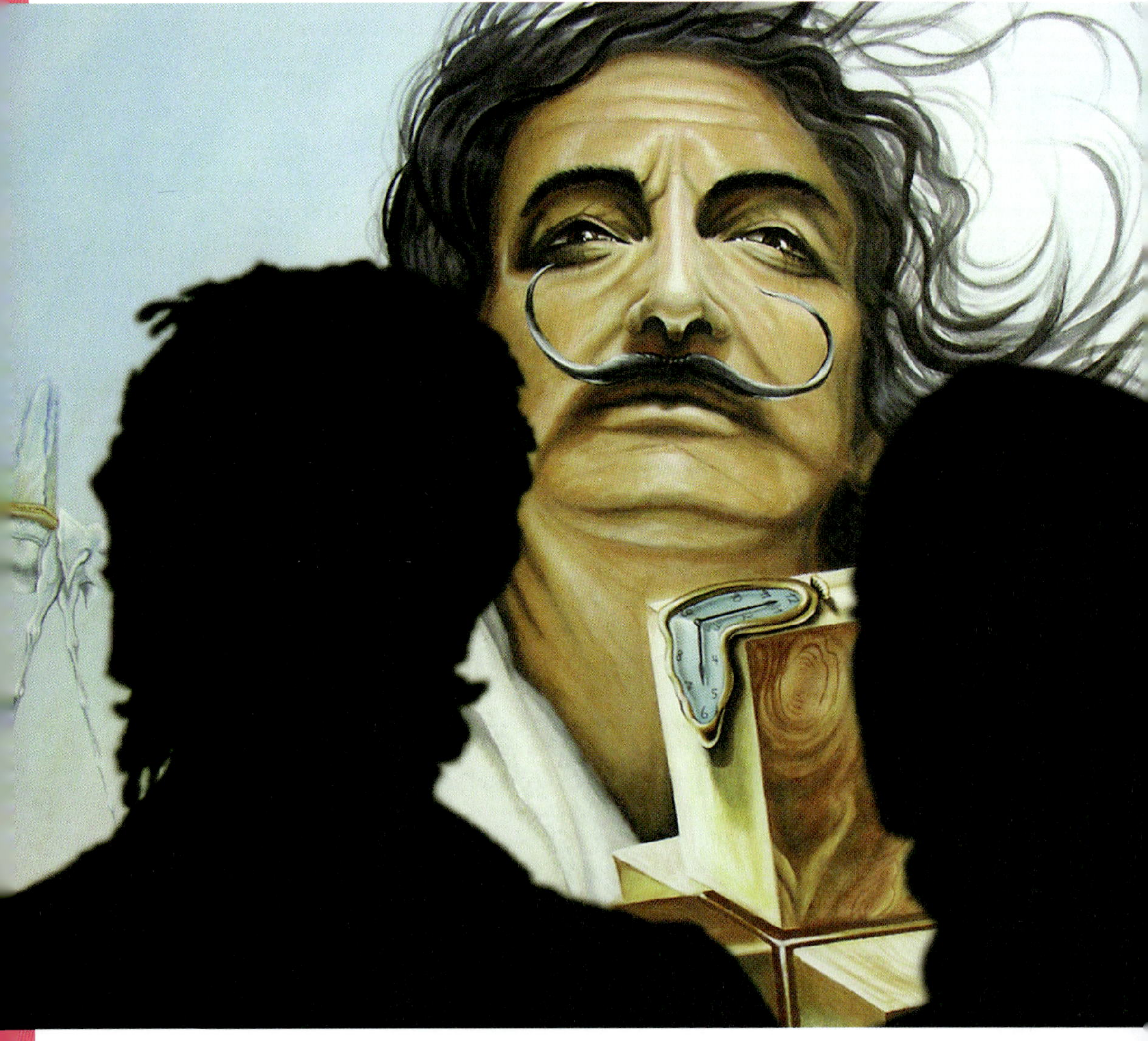

Alle Adressen und Infos finden Sie im Register ab Seite 179.

Noch mehr Museen

Kuriosa und Spezielles

An die Zeit, als in West-Berlin noch in allen Himmelsrichtungen der Osten war, erinnert das **Haus am Checkpoint Charlie**. Das private Berliner Mauermuseum dokumentiert seit 1963 Leben und Sterben mit und an der Mauer, die die ganze Stadt auf einer Länge von 155 Kilometern durchzog. In ständigen Ausstellungen werden die mitunter abenteuerlichen Wege und Mittel gezeigt, die Menschen für ihre Flucht benutzten. Weniger ideologisch, dafür wohltuend sachlich kann man sich im **Dokumentationszentrum Berliner Mauer** am ehemaligen Verlauf der Mauer in der Bernauer Straße über historische Hintergründe informieren und den Aufbau des Mauerstreifens an einem Originalschauplatz verfolgen.

Auf Zeitreise kann man in der Erlebnisausstellung **The Story of Berlin** gehen. In 23 begehbaren Themenräumen zeigt das private Museum Berliner Historie von der ersten Erwähnung der Stadt 1237 bis zum Fall der Mauer 1989. Die Staatskarosse von Erich Honecker ist ebenso zu sehen und eine originale Frucht des Kalten Krieges: Ein echter Atomschutzbunker, der dort in den 70er-Jahren unter dem Kurfürstendamm angelegt wurde.

Das **Alliierten-Museum** auf einem ehemaligen Kasernengelände der amerikanischen Schutzmacht hält die Erinnerung frisch an das Engagement der Westmächte für Berlin und Deutschland in der Zeit von 1945 bis 1994. Dabei geht es neben der Vermittlung von politischer und militärischer Historie auch um Alltagsgeschichte. Die vierte alliierte Macht, die Sowjetunion, hatte bereits 1967 damit begonnen, die Erinnerung an ihre Heldentaten wach zu halten. Im Gebäude, wo die deutsche Wehrmacht 1945 ihre bedingungslose Kapitulation unterzeichnet hatte, gründete sie das „Museum der totalen Kapitulation des faschistischen Deutschlands im Großen Vaterländischen Krieg 1941-1945“. Das erschien dem deutsch-russischen Verein, der 1994 die Trägerschaft übernahm, etwas zu lang. Als **Deutsch-Russisches Museum** erinnert es heute an die Vernichtungspolitik der Nazis, den Kriegsverlauf und den Soldatenalltag.

Um die Bedeutung des Pazifismus und der Schrecken der Kriege geht es dem kleinen **Anti-Kriegs-Museum** im Wedding, das einen Original-Luftschutzkeller vorführt. Seit 2006 hat Berlin auch ein **DDR-Museum**. Das residiert in der passenden Adresse, nämlich an der nach dem Gründer der KPD benannten Karl-Liebknecht-Straße, Hausnummer 1, unweit der Ruinenreste des Palastes der Republik. Es will das Leben und Aufwachsen in der DDR in allen Facetten zeigen: Von „FKK-Urlaub“ bis „Stasi“, in 10.000 Exponaten zum Anfassen.

„ ... schaut auf diese Stadt“, rief der damalige Regierende Bür-

MAUERMUSEUM
WALL LE MUR
HAUS AM CHECKPOINT CHARLIE
CHECKPOINT CHARLIE
US ARMY CHECKPOINT
Zimmerstraße

Zweitakter-Kult: Der ostdeutsche „Volkswagen“ Trabi darf natürlich nicht fehlen im DDR-Museum

germeister Ernst Reuter während der Berlin-Blockade den „Völkern der Welt“ zu. Das war damals ziemlich dramatisch. Heute ist es ein berühmtes Zitat. An das Geschehen erinnert der gleichlautende Titel der Dauerausstellung zur Geschichte und Kulturgeschichte Berlins im **Märkischen Museum**. Doch geht es hier natürlich nicht nur um die Nachkriegszeit, sondern um das ganze Geschehen von den dörflichen Anfängen im 13. Jahrhundert bis zur Gegenwart als größte deutsche Stadt. Seit über 125 Jahren dokumentiert man hier die geschichtliche und städtebauliche Entwicklung von Berlin über die Jahrhunderte. Im **Alten Museum**, dem ältesten Museumsbau Berlins, ist der kleinteilige Teil der königlichen **Antikensammlung** für die Öffentlichkeit untergebracht. Kunst und Skulpturen der Griechen und Römer sind hier zu bestaunen, die Sammlung wuchs durch Grabungsfunde in Olympia, Pergamon, Samos, Milet, Priene und Didyma zu einer der bedeutendsten der Welt heran. Das Herzstück zeigt die Kunst der Etrusker, eines mittelitalienisches Volks, das vor dem Römischen Reich Italien regierte. Die seit Dezember 1988 als Ergänzung zur Antikensammlung von Altem und Pergamonmuseum geöffnete **Abguss-Sammlung Antiker Plastik** stellt etwa 700 griechische und römische Skulpturen unterschiedlicher Epochen aus. Aber nur an vier Nachmittagen in der Woche. Die Sammlung ist nämlich ein Low-Budget-Unternehmen. Träger sind nicht die Staatlichen Museen zu Berlin, sondern das Seminar für Klassische Archäologie der Freien Universität.

Das alles gibts durch Gips. Abgegossen und in Marmor gehauen stehen aufgereiht in der **Friedrichwerderschen Kirche** preußische Prinzessinnen, Denker und Forscher im Kirchenschiff herum. Wir begegnen Immanuel Kant, Alexander und

„Sie verlassen den amerikanischen Sektor“: Das Museum Haus am Checkpoint Charlie an der Friedrichstraße erinnert an die Zeit der geteilten Stadt Berlin und das Leben mit der Mauer.

Wilhelm von Humboldt und der Prinzessin Luise von Preußen – preußische Köpfe aus dem 19. Jahrhundert, der Zeit Karl Friedrich Schinkels. Von dem großen Baumeister stammt der rote Backsteinbau, 1824-30 errichtet, ein Hauptwerk der deutschen Neugotik, das nun nicht der Preisung des Herrn dient, sondern der Entfaltung eines Panoramas klassizistischer Bildhauerei. Das **Museum Europäischer Kulturen** ist gewissermaßen der World Wildlife Fund unter den Sammlungen – es kümmert sich um gefährdete Bilder. Wo ist etwa der legendäre „Röhrende Hirsch am Waldesrand" geblieben, der Jahrzehnte zur Grundausstattung des spießbürgerlichen Wohnzimmers gehörte? Wo das Schlafzimmerbild mit in holdem Reigen tänzelnden Elfen? Solche Kitschkunstwerke finden hier ihren letzten Lebensraum. Die 1999 aus einer Vereinigung des Museums für Volkskunde sowie der europäischen Sammlungen des Museums für Völkerkunde hervorgegangene Institution zeigt anschaulich, wie Bilder in den Alltag der Menschen einzogen. So konnten bis ins 15. Jahrhundert hinein Kunstwerke meist nur in Kirchen betrachtet werden. Erst durch die Erfindung technischer Reproduktionsverfahren starteten sie in ganz Europa ihren Siegeszug in die Wohnzimmer.

Preußische Gipsköpfe umrahmt das alte Kirchenschiff der Friedrichswerderschen Kirche.

Das im 17. Jahrhundert erbaute Jagdschloss Köpenick bietet als zweites Haus dem Kunstgewerbemuseum eine prunkvoll-barocke Heimstatt

Im **Musikinstrumenten-Museum** findet man alles, womit sich der Mensch musikalisch betätigen kann und konnte – von der Blockflöte der Renaissance bis zur Mighty-Wurlitzer-Orgel des 20. Jahrhunderts. Unter den rund 800 Exponaten des 1888 durch den preußischen Staat gegründeten Museums sind auch etliche echte Raritäten: etwa zwei Querflöten, auf denen einst König Friedrich II. seine Melodien geblasen hatte. Oder ein Hammerflügel von Joseph Brodmann (um 1810), der dem Komponisten Carl Maria von Weber gehörte. Die komplette Entwicklung der europäischen Musik vom 16. bis ins 20. Jahrhundert ist am Kulturforum Potsdamer Platz zu sehen – und natürlich auch zu hören. So trutzig und abweisend das Gebäude des **Kunstgewerbemuseums** am Kulturforum von außen wirkt, so gewöhnungsbedürftig sind auch die Räume im Inneren aufgegliedert. Seit Sommer 2004 tröstet allerdings die Dependance im Jagdschloss Köpenick über diese Missstände hinweg. In prunkvoller Umgebung, die ganz puristisch renoviert wurde, sind hier nun Renaissance-Vertäfelungen und Rosenholz-Möbel zu bewundern. An der südlichen Seite des Kulturforums bietet das **Kupferstichkabinett** besonders privaten Kunstgenuss. 1994 eröffnete dieser Teil des Museumskomplexes mit einer Überblicksschau, die den reichen Bestand an Holzschnitten, Bleistiftzeichnungen und Lithografien präsentierte. Über 500.000 graphische Werke umfasst die Sammlung des Kabinetts, von Tizian bis hin zu Moskauer Dissidenten der 70er und 80er Jahre. Im Charlottenburger **Bröhan-Museum**, dem Landesmuseum für Jugendstil, Art Déco und Funktionalismus (1889-1939), gibt es Preziosen aus Glas, Keramik, Silber und Porzellan zu bestaunen. Im Obergeschoss ist jeweils ein Raum dem belgischen Jugendstilkünstler Henry van de Velde und dem Wiener Sezessionskünstler Josef Hoffmann gewidmet. Die **Berlinische Galerie**, das Landesmuseum für Moderne Kunst, Fotografie und Architektur breitet in einem umgebauten, ehemaligen Glaslager eine Auswahl aus 600.000 Objekten seiner international renommierten Sammlung aus: die „alten" Secessionisten und die Jungen Wilden, Dada und Fluxus, Expressionismus und Neue Sachlichkeit, die osteuropäische Avantgarde, die Stadt unter den Trümmern des Krieges, das zweigeteilte Berlin und die internationale Szene der neuen Metropole. Flankiert wird das Ganze durch Wechselausstellungen mit Klassikern der Moderne – wie den Brücke-Künstlern oder der Dadaistin Hannah Höch – und aktuellen Positionen.

Ruhig gelegen und doch mittendrin im hippen Kreuzberger Kunstquartier: die sympathische und familienfreundliche Berlinische Galerie

Gut und teuer: Heinz Berggruens Vermächtnis im Charlottenburger Stülerbau gibt auf drei Etagen einen grandiosen Einblick in die klassische Moderne von Picasso bis van Gogh. Gespannt sein darf man auf die geplante Erweiterung des **Museums Berggruen** durch Einbeziehung des benachbarten Gebäudes: Hier sollen ab Ende 2011 weitere Leihgaben der Familie des großen Sammlers und Galeristen gezeigt werden. Zwischen Kunst und Mutterschmerz: An wenigen Orten ist der Gram des Krieges so greifbar wie im **Käthe-Kollwitz-Museum** an der West-Berliner Fasanenstraße. Die Vita der Künstlerin ist eng verknüpft mit beiden Weltkriegen, die sozialkritischen Werke der Kollwitz sind ohne den historischen und persönlichen Kontext nicht denkbar. Neben Werken der Künstlerin werden ein- bis dreimal im Jahr Sonderausstellungen von Zeitgenossen wie Max Beckmann oder Horst Janssen gezeigt. Am Rand eines Dahlemer Villengebiets liegt der Museumsbungalow des **Brücke-Museums** fast wie ein Einfamilienhaus. Auf nur 450 Quadratmetern bietet er einen fokussierten Blick auf das Schaffen der Brücke-Maler. Über die Eingangshalle wachen die „Vier Evangelisten" von Karl Schmidt-Rottluff, im Innenhof leuchtet sein Mosaik der „Badenden". Schmidt-Rottluff hat sich diese Denkmäler quasi selbst gesetzt. Denn das Museum verdankt den Grundstock seiner Sammlung einer Schenkung des Künstlers von 1964, die 74 Bilder, den gesamten Nachlass und einen Zuschuss zum Museumsbau umfasste. Im Laufe der Jahre erweiterte sich die Sammlung um Gemälde der drei anderen Gründerväter der Gruppe – Erich Heckel, Fritz Bleyl und Ernst Ludwig Kirchner. Heute verfügt das Museum über die weltweit umfangreichste Sammlung an „Brücke"-Kunst.

Sehr beschaulich ist der vor gut hundert Jahren angelegte **Botanische Garten**. Er gilt als einer der pflanzenreichsten und schönsten in Europa. Hier wachsen etwa 18.000 Pflanzenarten, durch die verschiedene Vegetationszonen Europas und der Welt anschaulich gemacht werden. Dabei sind dem Garten

auch ein Großes Tropenhaus, das Victoria-amazonica- und das Mittelmeer-Haus sowie eine riesige Baumschule behilflich. Im dazugehörigen **Botanischen Museum** wird die Geschichte der Pflanzenwelt dokumentiert. Um eine Pflanze ganz besonderer Art dreht es sich auch im **Hanfmuseum**. Es widmet sich allen Aspekten rund um die alte Kulturpflanze, beispielsweise dem Thema „Dein Rausch - das unbekannte Wesen". Hier wird aber auch gezeigt, dass Hanf nicht nur für gepflegtes Bekifftsein gut ist. Das **Museumsdorf Düppel** ist die Rekonstruktion eines mittelalterlichen märkischen Dorfes, das sich tatsächlich einmal an dieser Stelle befand. Von Ostern bis Oktober wird hier mittelalterliches Leben vorgeführt. Einen Eindruck von der Wohnkultur im Biedermeier vermittelt das 1759-61 errichtete **Museum Knoblauch-Haus**, es ist das älteste erhaltene Wohnhaus im Nikolaiviertel. Es wurde zunächst in barocker Form errichtet und später klassizistisch umgestaltet. Ende der 80er Jahre im Zuge der Errichtung des Nikolaiviertels wieder aufgebaut, ist auch das barocke Ephraim-Palais einen Besuch wert. Auf drei Stockwerken sind hier wechselnde Ausstellungen zur Berliner Kunst- und Kulturgeschichte sowie die Graphische Sammlung des Stadtmuseums zu sehen. Das **Zille Museum**, ebenfalls im Nikolaiviertel, zeigt originale Zeichnungen, Fotografien und private Dokumente des bekannten Berliner Künstlers. **Das stille Museum** ist ruhender Pol für den in Berlin lebenden russischen Künstler Makarov. Er stellt darin vor allem eigene Werke aus.

Glad to be gay: 200 Jahre homosexuelle Geschichte präsentiert das Schwule Museum in einer Dauerausstellung

Das 1985 gegründete **Schwule Museum** ist die weltweit einzige Institution ihrer Art. Sie widmet sich der systematischen Erforschung und Darstellung schwulen Lebens in all seinen Erscheinungsformen. In wechselnden Ausstellungen wird alles rund um diese sexuelle Präferenz behandelt. Seit Ende 2004 gibt es hier auch eine Dauerausstellung zur schwulen Geschichte zwischen 1800 und 1970 zu sehen. Um homoerotischen Sex geht es nebenbei auch in Beate Uhses **Erotik-Museum** – vor allem geht es um Sex. Und dafür interessiert sich jährlich eine Viertelmillion Besucher, womit diese 1996 eröffnete Ausstellung zu den zugkräftigsten in Berlin gehört. Mehr als 5.000 Exponate aus aller Welt, die ältesten aus dem 16. Jahrhundert, hat das Flensburger Unternehmen rund ums „Thema Nummer eins" zusammengetragen.

Für Jüngere besser geeignet sind das **Machmit! Museum für Kinder** und das **Labyrinth-Kindermuseum**. Hier werden Erlebniswelten für Kinder geschaffen. In temporären und ständigen Ausstellungen sind Kinder von vier bis 14 Jahren zum Mitmachen angehalten. Anfassen, Probieren, Klopfen und Herumlungern ist hier ganz ausdrücklich erlaubt. Nicht unbedingt

Seit 100 Jahren liegen im Botanischen Garten Berlin Vegetationen verschiedener Klimazonen nur ein Katzensprung voneinander entfernt: Der japanische Pavillon mit blühenden Prachtspieren

zum Berühren geeignet sind die Figuren im **Puppentheater-Museum**. Das Haus zeigt in wechselnden Sonderausstellungen Theaterpuppen mit ihren unterschiedlichen Spieltechniken und präsentiert Märchen verschiedenster Kulturen. Das Foucaultsche Pendel steht in der Eingangshalle und beweist allen Besuchern, dass sich die Erde dreht. Im **Deutschen Technikmuseum Berlin** (ehemals Museum für Verkehr und Technik) wird alles gesammelt, präsentiert und vorgeführt, was Physik, Industrie und Ingenieurwesen an Errungenschaften vor und nach Einstein hervorgebracht haben. Dieses Museum ist wahrlich nichts für Technikmuffel. Mit dem Ruinengelände des Anhalter Güterbahnhofs hat die Technik-Schau ein ebenso traditionsreiches wie ideales Domizil. Das einstige Bahnbetriebsgelände mit zwei Ringlokschuppen und einem Fabrikgebäude macht sie mit über 25.000 Quadratmetern Ausstellungsfläche zu einer der größten der Welt.

Den „Nachbar von ganz Berlin“ nennt „Der Tagesspiegel“ den RBB-Fernsehreporter **Ulli Zelle**. „Mister Abendschau“ geht für den Zuschauer dahin, wo etwas los ist in der Stadt und berichtet - live von Volksfesten, Baugruben oder vom roten Teppich der Berlinale. Auch eine TV-Tour durch das Technikmuseum hat er absolviert.

Auch wenn die Hamburger das anders sehen, die Currywurst wurde in Berlin erfunden. Deshalb hat sie seit Sommer 2009 in der Hauptstadt ihr **Currywurstmuseum**. Die interaktive Ausstellung ist wie eine begehbare Imbissbude aufgebaut. An Stehtischen kommen aus Ketchup-Flaschen Currywurst-Lobhudeleien von Prominenten. Der Erfinderin der fettigen Berliner Spezialität, Herta Heuwer, ist ein eigener Raum gewidmet und natürlich kann man hier auch die beliebte Wurst verkosten, mit Soßen, die Berliner Sterneköche zusammengerührt haben. Wo waren sie Mittwoch zwischen zwölf Uhr und Mittag? Ob die **Polizeihistorische Sammlung** wohl als Alibi taugt? Etwas für Krimifreunde ist sie auf jeden Fall. Ihr Tatort befindet sich im Berliner Polizeipräsidium, berühmte Kriminalfälle und die Ausrüstung der Polizei im Spiegel der Zeit sind Motive der Ausstellung. Raritäten aus 100 Jahren öffentlichen Personennahverkehrs im Untergrund sind im **Berliner U-Bahn-Museum** ausgestellt. Im alten Stellwerk des U-Bahnhofs Olympiastadion werden allerlei Devotionalien von Dienstraumausstattungen bis zu Bahnhofsnamensschildern präsentiert. Ein Zeugnis der Industriegeschichte und ein Flächendenkmal von europäischem Rang ist das 1893 errichtete Wasserwerk Friedrichshagen am Ufer des Müggelsees. Hier befindet sich seit 1987 ein für Berlin einmaliges Museum, das **Museum im Wasserwerk**. Auf dem 700 Quadratmeter großen Museumsareal findet man unter anderem drei ehemalige Schöpfmaschinenhäuser und einen Sammelbrunnen.

GALERIEN

Seit dem Mauerfall hat die Gegenwartskunst Hochkonjunktur in der Stadt. Das alte Galerienzentrum neben dem Ku‘damm hat heute starke Konkurrenz von den Kunsthändlern in Mitte und Kreuzberg bekommen.

Alle Adressen und Infos finden Sie im Register ab Seite 179.

Auguststraße

Zeitgenossen im Großstadtidyll

Friedrich Loock war 1988 ein unfreiwilliger Pionier der Avantgarde. Er tischlerte damals hauptberuflich im Maxim Gorki Theater und stellte nebenbei in seiner Wohnung an der Ecke von Tucholsky- und Auguststraße Kunst von Freunden aus. Die künstlerische Zukunft des gemütlichen Straßenzuges im Herzen Berlins war da noch nicht abzusehen. Nach dem Mauerfall jedoch stieg zwischen dem damals rußgeschwärzten Hackeschen Markt und dem immer noch ruinösen Kulturzentrum Tacheles eine umtriebige Szene wie Phönix aus der Asche. In den preiswerten Provisorien ließen sich zunächst Künstler und dann Galeristen nieder. Loock nutzte damals die Gunst der Stunde, mietete die Ladenräume im Parterre und gründete die Galerie Wohnmaschine, benannt nach einem Architekturkonzept von Le Corbusier. Später präsentierte er auf der anderen Straßenseite einige seiner Künstlerfreunde aus DDR-Zeiten, aber auch junge Kunst aus Japan. Seit 2009 befindet sich die Galerie in der Invalidenstraße. Wohnmaschine heißt heute **Loock Galerie**. Die Auguststraße selbst schillert zwar nicht mehr ganz so hell wie noch vor kurzem, immer noch aber gehört sie zu den Top-Kunstmeilen der Hauptstadt. Das liegt nicht zuletzt an Gerd Harry Lybke. Seine 1992 eröffnete Galerie **EIGEN+ART** zählt zu den Big Playern im Kunsthandel. Lybke aber hält der für die Entwicklung der Berliner Galerienszene so wichtigen Straße nicht nur die Treue. 2012 hat er hier mit dem **EIGEN+ART Lab** in der ehemaligen Jüdischen

Platz für weniger bekannte Positionen hat Galeristen-Legende Gerd Harry Lybke im neu eröffneten EIGEN + ART Lab

Mädchenschule einen weiteren Ort für Kunst installiert. Auf mehr als 230 Quadratmetern möchte er in Berlin noch nicht etablierte Künstler vorstellen. Um die Ecke bietet seit 2002 die **Lorch+Seidel Galerie** Werke zwischen Abstraktion und Figurativem. Dabei stehen künstlerische Positionen aus dem Rheinland ebenso auf dem Programm wie eine erste Ausstellung der amerikanischen Künstlerin und Tochter von Auschwitz-Überlebenden, Mindy Weisel, auf deutschem Boden. Wie man die alte Substanz in Mitte szenetauglich macht, zeigen Galeristen wie Tim Neuger und Burkhard Riemschneider, die aus Westberlin kamen. Ihre Galerie **neugerriemschneider** verleiht einer ehemaligen Fabrikremise zwischen Linien- und Auguststraße die hohen Weihen junger Kunst. Skulpturen von Tobias Rehberger stehen auf schickem Asphaltboden; Rirkrit Tiravanija zeigt Filmporträts erfolgreicher Künstlerkollegen.
Die erlesene **Sammlung Hoffmann** thront nicht weit entfernt hoch über den Dächern von Mitte. Erika Hoffmann und ihr 2001 verstorbener Ehemann Rolf, vormals Fabrikanten der Van-Laack-Bekleidung, erwarben die Sophie-Gips-Höfe von der Treuhand und errichteten in den obersten Stockwerken ihr ed-

Kunst und Gastronomie in der Ehemaligen Jüdischen Mädchenschule: Alexander Beers (1873-1944) Backsteinbau im Stil der Neuen Sachlichkeit beherbergt heute Galerien, ein Restaurant, eine Bar und ein Deli

Ganz vorne bei den wichtigsten und coolsten Fotografie-Adressen der Hauptstadt: C/O Berlin

les Privatdomizil. Jeden Samstag schlurfen Besuchergruppen auf Filzpantoffeln durch das repräsentative Loft-Ambiente, zum Abschluss trinkt man zwischen Großformaten von Gerhard Richter, Sigmar Polke und Frank Stella eine Apfelsaftschorle. Im Parterre der Sophie-Gips-Höfe stellte die Galerie **Contemporary Fine Arts** jahrelang deftig-brachiale Kunstwerke aus: Jörg Immendorfs Selbstbespiegelungen, Arbeiten des Fotografen Juergen Teller sowie der Protagonisten des deutschen Malerwunders, Daniel Richter und Jonathan Meese. 2007 bezog man elegante neue Räume am Kupfergraben.

Der zeitgenössischen Fotografie hat sich **C/O Berlin** zugewandt. Seit 2006 präsentiert die selbsterklärte Non-Profit-Institution künstlerische Positionen, die Fotografie, Architektur und Design miteinander verschränken. Weil das Postfuhramt an der Oranienburger Straße einen neuen Eigentümer hat, soll die beliebte Fotogalerie demnächst umziehen: ins Atelierhaus im Monbijoupark. Geplant ist der Umzug für Herbst 2012. **Kicken Berlin**, die in der Hauptsache historische Aufnahmen verkaufen, machen das Foto-Angebot in Mitte komplett.

Gut durchdacht sind die Ausstellungen in der **Galerie Thomas Schulte**, die aus dem Westen nach Mitte gezogen ist. Ein gelungener Coup war so die Installation von Sol LeWitt, der die gesamte Galerie mit Wänden aus Gasbetonsteinen diagonal durchzog.

Gegenüber der Volksbühne hat die Kölner **Galerie Christian Nagel** ihre Räume eingerichtet. Ein Stückchen die Schönhauser Allee hinauf warten die Großausstellungen der **Akira Ikeda Gallery**. Imposant wie ihr japanisch-englischer Name war ihre Eröffnung, die 2002 die fulminante Kleist-Serie des Superstars

Frank Stella in die Hallen der ehemaligen Brauerei brachte. Postmodern thront das **Automobil Forum Unter den Linden**. In der Berliner Volkswagen-Repräsentanz stehen schneidige Sportcoupés und Nobelkarossen neben den aktuellsten Modellen der VW-Gruppe und Kunstwerken „ ob materielle oder virtuelle, Bilder, Fotos oder Videos. Sehr schick. Man ist für vieles offen, doch es muss edel und gut sein. Dazu gehören Fotoausstellungen und Gegenwartskunst wie „Duane Hanson" more than Reality". Eine nicht minder gute Figur machen die Installationen in der **Galerie Neu**. Die Inhaber Thilo Wermke und Alexander Schröder wurden ihrem Ruf als Avantgarde unter den Kunsthändlern gerecht, indem sie ein absonderliches Domizil fanden, das am entgegengesetzten Ende der Spandauer Vorstadt im Klinikum Charité liegt. Der fein gestriegelte Galerien-Bungalow war vorher ein Pferdestall der Veterinärmedizin. Das Galerienviertel hat sich längst in alle Himmelsrichtungen ausgedehnt. Sowohl jenseits der Torstraße als auch in der Brunnenstraße haben sich Orte junger Kunst etabliert, die in erstaunlich kurzer Zeit zu einem guten Ruf gekommen sind. Einem so guten, dass sich die Produzentengalerie Amerika zu einer „richtigen" Galerie mausern konnte: Sie heißt nun **Klemm's** und ist bei renommierten Messen dabei. Das nennt man wohl Professionalisierung.

Berliner Westen

Von klassisch-modern bis wild

Manch betuchter Flaneur hielt des Abends, Einkehr in der legendären, 1946 gegründeten **Galerie Bremer**. Doch nicht nur zum Kunstgenuss. Ins Hinterzimmer hatte Hans Scharoun, der Architekt von Philharmonie und Staatsbibliothek West, in den 50er Jahren eine Bar gebaut. Seit 2009 ist die Galerie geschlossen, Inhaber Rolf Rohlow aber möchte 2012 an neuer Stelle wiedereröffnen Freilich auch im alten Berliner Westen. Man sollte also Augen und Ohren offen halten. Und auf der weiterhin intakten Homepage vorbeischauen. Distinguierte Kunst für die entsprechende Kundschaft präsentiert der **Kunsthandel Wolfgang Werner**. Die Werke von Max Liebermann, Lovis Corinth und Paula Modersohn-Becker sind in historische Räume zwischen silbrige Textiltapete und mattgrauen Teppichboden gebettet. Dass der alte Westen keineswegs out ist, zeigt ausgerechnet ein Kölner Galerist: Während es selbst für New Yorker Galerien offenbar nichts Schickeres gibt als eine Dependance in Mitte oder Kreuzberg, setzt **Daniel Buchholz** ganz nonchalant auf die altehrwürdige Fasanenstraße. Buchholz, der so illustre Künstler wie Isa Genzken und Wolfgang Tillmans vertritt, hat seine Berliner Filiale 2008 eröffnet. Die **Galerie Brockstedt** präsentiert deutsche Kunst aus der ersten

Hälfte des 20. Jahrhunderts zwischen entsprechenden Antiquitäten. Dabei fährt sie ein figuratives Programm und verwaltet die Nachlässe von Richard Oelze, Ivo Hauptmann und Horst Janssen. Geometrisch-klassisch-modern zeigt sich die **Galerie Stolz**, die sich in der Goethestraße auf Konstruktivismus und russische Avantgarde spezialisiert hat. Hier greifen Liebhaber von Alexander Rodschenko gerne tief ins Portemonnaie. Wertvoller Expressionismus liegt in den Depots von Florian Karsch in der Hardenbergstraße. Seit 1955 führt er die **Galerie Nierendorf**, die älteste Privatgalerie der Stadt. Karsch hält nichts von zeitgenössischer Kunst, mit der Michael Haas nebenher handelt. Seine **Galerie Michael Haas** verkauft Etabliertes von James Ensor bis Joan Miró, und nebenbei weniger bekannte Gegenwart. Gunar Barthel ist einer der wenigen Galeristen, die sich der ostdeutschen Nachkriegskunst widmen. Barthel verließ 1987 die DDR und zog nach einem Intermezzo in Bremen kurz vor dem Mauerfall in die Fasanenstraße. Carlfriedrich Claus, dessen hermetische Sprach-Bilder-Räume die **Galerie Barthel & Tetzner** vertritt, brachte es als „Staatskünstler" sogar bis in den Reichstag. Nur zwei Hausnummern entfernt wartet ein weiterer großer Name des Berliner Kunsthandels. Hinter den hohen Schaufenstern der **Galerie Springer & Winckler** agierte einst Rudolf Springer – wie Anja Bremer und Gerd Rosen eine Schlüsselfigur nach dem Krieg. Heute bieten hier Sohn Robert und Gerald Winckler Arbeiten etwa von Dieter Appelt und Georg Baselitz. Die Ausstellungen der **Galerie Anselm Dreher** beschränken sich auf Schlichteres: Mit Konzeptkunst und Minimalismus offeriert man hier seit 1967 dem Westen was Neues. Schon seit 1968 mischt die **Galerie Eva Poll** im Berliner Kunstbetrieb mit. Nach 30 Jahren aber hat man den Standort am Lützowplatz verlassen, und ist ganz nach Berlin-Mitte gezogen. Inhaltlich liegt der Schwerpunkt weiter auf Realismus und Figuration. In Tiergarten-Nähe gesellte sich 2000 die Dependance der **galerie georg nothelfer** hinzu. Hier ist Platz für Malerei im Riesenformat und die großen Skulpturen von Eduardo Chillida. Wer mit den „Jungen Wilden" in den 80er Jahren Geschäfte machte, ist heute meistens jung und wild geblieben. Die **Galerie Tammen & Partner** vertritt zwar noch entsprechende Maler wie Walter Libuda, setzt aber auch auf die großen Skulpturen von Pit Kroke. Bernd Busch und Werner Tammen sind nach einem Zwischenspiel an der Friedrichstraße nun in der Kreuzberger Hedemannstraße ansässig. Dem Kunstzentrum im Westen näher gerückt ist die **Raab Galerie**. Sie war bald nach ihrer Eröffnung 1979 eine führende Adresse für die figürlich betonte Malerei aus Berlin und zehrt im Kantdreieck am Zoo weiterhin von diesen goldenen Zeiten. Auch die **Galerie Fahnemann**, die sich vor Jahren als Vertreterin der Neuen Wilden nach vorn spielte, findet sich nach einem Zwischenspiel in Berlin-Mitte wieder an der altehrwürdigen Fasanenstraße.

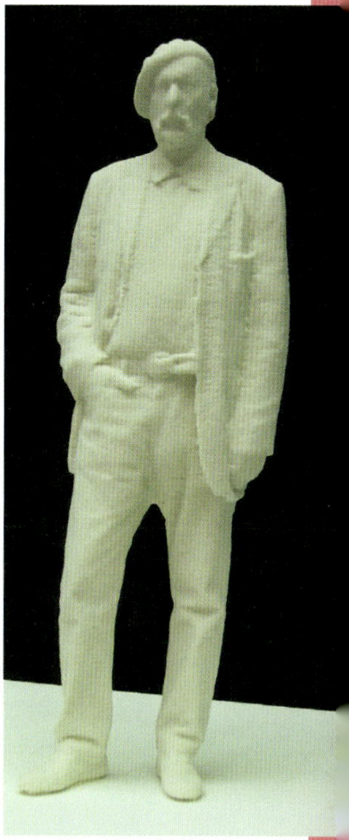

Nein, zur Statue ist er noch nicht erstarrt: **Anselm Dreher** aber darf man getrost ein Urgestein nennen. 45 Jahre ist es her, dass er seine Galerie gründete. Ohne die der Charlottenburger Kunst-Kiez um eine wichtige Adresse ärmer wäre.

Spezialitäten

Von der Ikone bis zum Manga

Mord und Totschlag sind eigentlich nur auf Bildern ein Thema im Kunstbusiness. Doch zum Jahreswechsel 1993/94 erschütterten zwei Morde das Galerienviertel am Kuídamm. Ikonenschmuggel und Russenmafia waren damals in den Schlagzeilen der Berliner Boulevardblätter, denn irgendwelche undurchsichtigen Machenschaften hatten die Ikonenhändler Witaij Ljachowskij und Avraham Gleser das Leben gekostet. In der **Ikonengalerie Mönius** meint man noch heute, die Gefahr ein wenig zu spüren. Das höfliche Aufsichtspersonal lässt einen kaum aus den Augen, wenn man zwischen den religiösen Bilderschätzen herumstöbert. Holztafeln mit Heiligenportraits hängen bis unter die Decke, dazwischen stehen Vitrinen mit Devotionalien und profanem Geschirr. Ähnlich die **Ikonengalerie Graßmann** in Charlottenburg: Die Anbetungstafeln stapeln sich samt Zubehör in der rustikalen, hölzernen Innenausstattung.

Ikonen der technologisierten Welt vertreibt das **DAM Berlin**. Hinter dem Kürzel versteckt sich das Digital Art Museum. Doch ihm genügt die Ausstellungsfläche einer Galerie, um die

Salz- und Basalt-Schüttungen von Micha Ullman bei Alexander Ochs

Berlin
Hamburg
Wien
Düsseldorf
Kulturverführer
Frankfurt
Ruhrgebiet
Die Reihe KULTURVERFÜHRER wirft einen kenntnissreichen Blick hinter die Kulissen pulsierender Metropolen: journalistisch geschrieben und opulent bebildert.
THEATER, OPER, MUSICAL, TANZ, MUSIK, MUSEEN, KINOS, CLUBS, GALERIEN UND LITERATUR
Helmut Metz Verlag www. kulturverfuehrer.de

Möglichkeiten computergenerierter Kunst vorzustellen. Die **Alexander Ochs Galleries** versuchen den Kulturtransfer auf ganz anderem Wege. Alexander Ochs zeigt hauptsächlich chinesische Maler, die mittlerweile im Westen leben. Seit 2008 vertritt man auch europäische Künstler, etwa die Malerin Miriam Vlaming.

Hohes Ansehen genießt die Architekturgalerie Aedes. Kristin Feireiss und Helga Retzer eröffneten 1980 die erste Galerie dieser Art in Deutschland. Neben ihrem Stammhaus **Aedes West** unter den S-Bahn-Bögen am Savignyplatz, das mittlerweile unter dem Namen **Aedes Land** firmiert, hat die Galerie seit 1995 ein Domizil im Osten, seit 2006 am Pfefferberg in Prenzlauer Berg: das **Aedes Pfefferberg**. Zu jeder Aedes-Galerie gehört auch ein Café. Seit vielen Jahren wirft das Ausstellungsprogramm von Aedes ein kritisches Auge auf die Bauten sowohl im neuen Berlin als auch weltweit. Neben der **Cartoonfabrik**, die von der Auguststraße an den Friedrichshain gewechselt hat, ist **Grober Unfug** ein unvergleichliches Comic-Imperium. In Mitte hat der Laden eine Filiale, der Hauptsitz ist fest in Kreuzberger Händen. Auf der Suche nach Seltenheiten und Seltsamkeiten durchsuchen Comicexperten hier das internationale Archiv.

Zimmer-, Linden- und Rudi-Dutschke-Straße

Vom Axel-Springer-Haus bis nach Schöneberg

Längst spricht man in Kunst-Berlin nicht mehr nur von den Galerien an der Auguststraße in Mitte. Ein Hot Spot in Sachen zeitgenössische Kunst hat sich in den letzten Jahren rund ums Springer-Haus an der Kreuzberger Kochstraße etabliert. Kochstraße? Seit ein paar Jahren heißt sie Rudi-Dutschke-Straße, benannt nach dem wohl berühmtesten aller Studentenführer. Dass hier ein neuer Wind weht, dafür sorgen auch die Galerien, die sich in der Rudi-Dutschke-Straße in einem sanierten Industriegebäude zusammengerottet haben: Die mittlerweile geschlossene Klara Wallner Galerie, die aus Mitte mit jungen Positionen und viel Malerei im Gepäck hierher zog. **Galerie Crone**, ursprünglich aus Hamburg, und immer gut für starke Malerei-Positionen. Bunt auch das Programm von **VW**, die nichts mit dem Wolfsburger Autobauer zu tun haben. VW steht für Veneklasen/Werner und man kann hier nicht nur Video-Kunst, Malerei, Happenings und Fotografien vom Filmset zu Fassbinders „Querelle“ erleben, sondern auch einen der „Events“ besuchen mit Filmvorführungen oder Diskussionsrunden. Nur zwei Steinwürfe entfernt ließ sich schon Mitte der 90er Jahre **Max Hetzler** aus Köln nieder und provozierte die Berliner Kollegen mit teurer, museumsreifer Gegenwartskunst von Jeff Koons bis Gerhard Merz. 2009 allerdings verabschiedete sich der Galerist gen Wedding, wo er in den Osram-Höfen über imposante Räumlichkeiten gebietet.

Die **Galerie Barbara Weiss** sitzt nach Jahren in der Potsdamer Straße sowie anschließend der Zimmerstraße mittlerweile unweit des Kottbusser Tores in einer Gegend, die zu den noch etwas raueren Ecken im längst so schicken Kreuzberg gehört. Neben der Extrem-Konzeptualistin Maria Eichhorn zählen auch ältere Zeitgenossen wie Niele Toroni zu ihrem anspruchsvollen Programm. Die **DAAD-Galerie**, früher in der Kurfürstenstraße, sitzt im Grenzgebiet zwischen Kreuzberg und Mitte. Im Quergebäude desselben Gewerbehofs eröffnete **Volker Diehl** nach 15 Jahren in Charlottenburg 2000 eine neue Galerie. Man wähnte sich auf dieser weitläufigen Fabriketage fast in Chelsea, dem New Yorker Galerienviertel. 2007 hat er jedoch seinen Hauptsitz in die nahe Lindenstraße verlegt. Zusammen mit **Claes Nordenhake** und anderen Galeristen hat er ein vierstöckiges Gebäude unweit des Jüdischen Museums bezogen. Diehl hat es zwar unlängst nach Charlottenburg verschlagen. Das Haus an der Lindenstraße aber, ehemaliger Sitz einer Fluggesellschaft, hat sich rasch zu einer Top-Adresse entwickelt. Mittlerweile sitzen hier, dicht an dicht, Galerien wie die von

Junge Kunst von Yane Calovski bei Zak/Branicka, für die man ein paar Stufen nehmen muss im großen Galerienhaus an der Kreuzberger Lindenstraße

Rasch zu erreichen vom Potsdamer Platz: Galerien wie 401 contemporary im wieder erblühten Tiergartener Galerienviertel

Gregor Podnar aus Ljubljana oder die Dependance von **Konrad Fischer**, der legendären Düsseldorfer Avantgarde-Galerie. Auch das Programm der aus Polen stammenden Galeristinnen von **Zak/Branicka** ist immer einen Abstecher wert. Doch damit nicht genug: Gleich gegenüber haben sich in der Markgrafenstraße **carlier/gebauer** (zuvor in der Holzmarktstraße) und **Barbara Thumm** (vorher in der Dircksenstraße) niedergelassen. **Johann König** kam aus Mitte in die Kreuzberger Dessauer Straße, und sein Programm ist beachtlich geblieben. Manchmal gibt es hier nur Vogelflattern als Klanginstallation zu hören, manchmal so trostreiche Werke wie den Gummiventilator von Geerten Verheus, der seine Rotoren müde hängen lässt.

Auch das an Kreuzberg angrenzende Schöneberg sowie Tiergarten üben auf den nie ruhenden hauptstädtischen Kunstbetrieb wieder große Anziehungskraft aus. An der legendären Potsdamer Straße etwa haben sich in einem vormaligen Zeitungshaus Galeristen niedergelassen. Darunter **401 contemporary**, die 2012 den 100. Geburtstag des ZERO-Künstlers Adolf Luther würdigen, sowie der Prager **Jiri Svestka**. Der präsentierte im Frühjahr 2012 die junge Tschechin Adela Babanova mit einer „Ich hab hier eine Leiche" betitelten Schau. Die Berliner Galerienszene aber ist weiter vital und beweglich. Und sicher ist eigentlich nur eins: Was heute als hip gilt, kann schon morgen out sein.

Nicht mehr ganz im Carré, nahe der Auguststraße in Mitte, lädt im idyllischen Hof der Sophienstraße 18 die Galerie **berlin daily** zum fotografischen Streifzug durch die großen und kleinen Momente der Stadt und ihrer Menschen ein. Durch die Linse von Bildjournalisten werden hier ganz individuelle Geschichten der Stadt erzählt.

LITERATUR

Das literarische Leben pulsiert wieder in Berlin – hier wohnen hunderte von Literaten, vom Nobelpreisträger bis zum Undergroundpoeten. Die Verlagslandschaft blüht. Treffpunkte sind Literaturhäuser, Salons und Kneipen.

Am Sandwerder 5
Zehlendorf
F: 81 69 96-0
S: Wannsee
M: mail@lcb.de
I: www.lcb.de

Literarisches Colloquium Berlin

Altmeister und Nachwuchspflege im „Kasten" am idyllischen Wannsee: Autoren, Workshops und Preise

„Ein grässlicher Kasten im Stil einer imitierten Ritterburg", schrieb Carl Zuckmayer missfällig über die Villa, in der er 1925 einen Sommer lang wohnte. Immerhin etwas Gutes entdeckte er doch: „Es hat einen Park mit Seegrund und ein großes, achteckiges Turmzimmer." Nein, das ist kein schlechtes Wohnen, wie auch die Gegend beileibe nicht die mieseste ist, hier am Großen Wannsee.
Bereits seit 1963 ist in der Villa das Literarische Colloquium Berlin e. V. (LCB) untergebracht – und hat schon viele illustre Gäste beherbergt. Stipendiaten des Berliner Senats und

Imposante Villa am See: Das Literarische Colloquium ist Veranstaltungsforum und Gästehaus, Arbeitsstätte und Talentschmiede für Autoren und Übersetzer

Autoren aus aller Welt wohnen hier auf Zeit, um in Ruhe an ihrem Stil zu feilen. Spätere Berühmtheiten wie Peter Bichsel, Nicolas Born und Hubert Fichte gingen bei Altmeistern wie Günter Grass, Hans Werner Richter und Peter Rühmkorf in die Dichterschule. Immerhin drei Literaturpreise werden vom LCB vergeben: Berliner Literaturpreis, Lyrik-Debütpreis und der von Günter Grass gestiftete Alfred-Döblin-Preis für noch unveröffentlichte Prosamanuskripte. Ein bisschen was tut man auch für den Lesernachwuchs: Beim LCB-Sommerfest, jedes Jahr von einem anderen Verlag ausgerichtet, gibt es neben zahlreichen Lesungen ein kunterbuntes Kinderprogramm.

Chausseestraße 125
Mitte
F: 282 20 03
U: Naturkundemuseum, Oranienburger Tor
M: info@lfbrecht.de
I: www.lfbrecht.de

Literaturforum im Brecht-Haus

Biermanns Nachbar: alles rund um Bertolt Brecht in Archiv, Gedenkstätte und Vorführungen

Nur ein paar Häuser entfernt, in der Chausseestraße 131, wohnte bis zu seiner Ausbürgerung 1976 Wolf Biermann. Fast täglich ist er wohl an der Nummer 125 vorbeigekommen, der letzten Wohn- und Arbeitsstätte Bertolt Brechts und seiner Frau Helene Weigel. Von seinem Arbeitszimmer aus konnte Brecht geradewegs auf den Dorotheenstädtischen Friedhof blicken, wo er 1956 sein allerletztes Quartier gefunden hat. Das Literaturforum im Brecht-Haus widmet sich der Pflege seines Erbes. Jährlich im Februar veranstaltet es die auf eine

In der Chausseestraße 125 war die letzte Wohn- und Arbeitsstätte von Bertolt Brecht und Helene Weigel. Heute sitzt hier das Literaturforum

dreißigjährige Tradition zurückblickenden internationalen „Brecht-Tage“, eine multimediale und interdisziplinäre Einrichtung von gutem Renommee. Daneben bietet man eine breite Palette von Veranstaltungen an, etwa zu Brechts Theaterarbeit oder seinem Zusammenwirken mit Musikern und Bühnenbildnern.

Literaturhaus Berlin

Fasanenstraße 23
Charlottenburg
F: 88 72 86-0
U: Kurfürstendamm, Uhlandstraße
B: 109/110/M19/M29
E: 5 €, erm. 3 €
M: literaturhaus@berlin.de
I: www.literaturhaus-berlin.de

Ein „Wartesaal der Poesie“ mit Wintergarten und illustren Besuchern: Hier finden sich Bücher, Backwerk und Literaten

Literatur und Caféhaus. Das gehört spätestens seit den 20er Jahren zusammen wie Bohnen und Speck. Natürlich hat also auch das Literaturhaus, das 1986 als erstes seiner Art in Deutschland eröffnet wurde, ein Café und ein ganz prächtiges dazu – das „Café-Restaurant Wintergarten“. Gelegen in der Fasanenstraße, einer ruhigen Nebenstraße des Kurfürsten-

damms, zählt es zu den schönsten Berlins. Im Sommer laden auch der idyllische Garten und die Terrasse zum Sitzen ein. Wer sich in der kleinen, aber feinen Buchhandlung „Kohlhaas & Company“ im Souterrain einen Roman gekauft hat, kann ihn hier gleich entspannt bei einem Cappuccino oder einem anständigen Glas Rotwein lesen. Oder sich ganz unliterarisch von der beträchtlichen Auswahl an Zeitungen aus aller Welt verführen lassen.

Natürlich ist es auch ein idealer Treffpunkt zum Ein- und Ausklang einer Dichterlesung im ersten Stock, im Kaminraum des Literaturhauses. Und natürlich kann man hier mitunter auch den einen oder anderen berühmten Schriftsteller oder Publizisten antreffen. Zwei Appartements stehen für Gäste des Hauses bereit, die gelegentlich auch an Literaten, Künstler oder Wissenschaftler vermietet werden.

So unterschiedliche Autoren wie Oskar Pastior, Friederike Mayröcker, Paul Auster und Durs Grünbein gehörten und gehören zu den Gästen des geräumigen, 1889 erbauten Stadtpalais, das in seiner wechselhaften Geschichte vom Bordell bis zur Volksküche so einiges beherbergt hatte.

Kleine grüne Oase in Ku'dammnähe: Garten des Literaturhauses im historischen Ambiente einer Gründerzeitvilla

Experimentelles mit Wasserglas: Der französische Autorenkreis Oulipo (hier vertreten durch Ian Monk, Marcel Bénabou, Olivier Salon und Jacques Roubaud) gibt eine Kostprobe seines schrägen Schreibens am Berliner Literaturhaus.

Alle Adressen und Infos finden Sie im Register ab Seite 179.

Pop und Poesie

Literatursalons und Wort-Varietees

Der Dichter liest. Hinterher kann man am Büchertisch sein Werk kaufen und vielleicht bekommt man auch noch eine Widmung reingeschrieben. Es gibt eine ganze Reihe von Leuten in Berlin, die halten rein gar nichts von der klassischen Methode der Literaturvermittlung mit Lesepult, Wasserglas und Seltersflasche. Noch dazu ohne Alkohol! Und geraucht darf auch nicht werden. Mit solcherart unsinnlichem Frontalunterricht kann diese Frau gar nichts anfangen. Deshalb veranstaltet sie seit Mai 1995 Lese- und Konversationsabende der gemütlichen Art: den literarischen **Salon Britta Gansebohm**. Hier redet man einer offenen, freien Konversationsgesellschaft das Wort, an der jeder teilnehmen und sich beteiligen kann. An den Salonabenden, die seit 2005 einmal im Monat montags im BKA-Theater am Mehringdamm stattfinden, lesen so unterschiedliche Autorinnen und Autoren wie Kathrin Röggla, Alexa Hennig von Lange, Judith Hermann, Ilja Richter und Thomas Kapielski. Doch nicht nur bekannte Namen, auch unbekannte Autoren erhalten ein Forum für ihre Bücher.

Etwas akademisch aber gleichwohl interessant sind die **[Mosse]-Lectures**, eine interdisziplinäre Vortragsreihe der Humboldt-Universität mit internationalem Blick. 1997 eröffnete der Historiker George L. Mosse die nach ihm benannte Reihe, die seither während des Semesters in der Regel ein- bis zweimal pro Monat stattfindet. Jedes Semester gibt es einen anderen Themenschwerpunkt etwa über „Korruption“ oder „For-

mate des Seriellen in den Künsten und Medien". Als zum letzteren Schwerpunkt der sonst selten auftretende Schriftsteller Rainald Goetz gemeinsam mit dem Kulturtheoretiker Diedrich Diederichsen im Mai 2012 eine Lecture abhielt, traf sich halb Kultur-Berlin im überfüllten Senatssaal der Humboldt-Uni. Der Abend endete ganz unakademisch: Diederichsen sang das Lied „I Need More" von Iggy Pop. Fröhliche Wissenschaft.

Wohl keine andere deutsche Stadt offeriert so viele Bühnen für die Literatur wie Berlin. Neben den Buchhandlungen vom **Buchhändlerkeller** bis zum **Dussmann Kultur-Kaufhaus** veranstalten auch Cafés und Kneipen Autorenlesungen. Gerade in diesen floriert eine Literaturszene eigener Art. Hier wird Poesie als Pop inszeniert. Ihr Markenzeichen: konsequent subjektiv. Von in weihevoller Aura vorgetragener Dichtung unter hundert andächtig Schweigenden hält hier niemand was. In den Szene-Clubs in Prenzlauer Berg und Mitte treffen Slam-Poeten wie Bastian Böttcher oder Ahne ihre Fans, und die junge russisch-deutsche Künstlerszene um ihren Star Wladimir Kaminer hat sich längst vom Geheimtipp ins Feuilleton überregionaler Zeitungen geschrieben. Mit „Text und Ton das Ohr am Zahn der Zeit" präsentiert sich Sonntag für Sonntag die **Reformbühne Heim & Welt** um Falko Hennig und Wladimir Kaminer. Mit Jakob Hein gehört auch der Sohn eines berühmten DDR-Schriftstellers und PEN-Präsidenten gelegentlich dazu, the next Generation. Die „Schau-Lesungen" im Kaffee Burger in Mitte sind nahezu kleine Popkonzerte, da steht Thomas Kapielski am Diaprojektor und Kaminer an der „Russendisko".

Die Schriftstellerin **Judith Hermann** hat die Teilnahme an der Autorenwerkstatt des Literarischen Colloquiums zu einem Buchvertrag verholfen. Und der literarische Durchbruch gelang ihr gleich mit diesem ersten Buch, dem Erzählungsband „Sommerhaus, später". Mit über 250.000 verkauften Exemplaren und Übersetzungen in 17 Sprachen gehört es zu den größten deutschen Bucherfolgen der letzten Jahre.

Jeden Sonntagmittag amüsieren sich beim **Frühschoppen** im Schlot hunderte Zuschauer über eine Leseshow, bei der fünf Autoren und eine Autorin tief gründelnd komische Betrachtungen über alltägliche Nichtigkeiten vorlesen. Sarah Schmidt, Hans Duschke, Horst Evers, Hinark Husen, Andreas Scheffler und Jürgen Witte pflegen diese Vorlesekultur bereits seit über zehn Jahren. Inzwischen gibt es ihr „Best of" gar auf CD. Jeden Donnerstag lesen die nach eigener Einschätzung „schönsten Schriftsteller Berlins" von der **Chaussee der Enthusiasten** im Friedrichshainer RAW-Tempel, zu ihnen gehören auch Jochen Schmidt und Volker Strübing. „Lesebühnendichter", analysiert die FAZ, „setzen ihr Leben direkt in Text um", die Gattung Literatur und überhaupt jeder Künstlerhabitus ist ihnen suspekt. Und ihren zahlreichen Zuhörern gefällts. Jeden letzten Donnerstag im Monat veranstaltet das Stadtmagazin zitty in der Kreuzberger Bar Monarch die **zitty Leserlounge**. Junge Schriftsteller, gerne aus der Popfraktion, lesen, zitty-Redakteure moderieren und DJs legen auf. Inzwischen gibt es in der Prenzlauer Berger Buch-Box auch einer **zitty Leserlounge für Kinder**. Um den Lesernachwuchs kümmert sich auch **LesArt**, eine europaweit einzigartige Einrichtung für Kinder und Jugendliche, die kreative Modelle der Leseförderung entwickelt.

INSTITUTIONEN

Allerlei Organisationen präsentieren in Berlin ihr vielfältiges Kulturprogramm. Hier gibt es neue Kunst und alte Filme zu sehen, man kann Archive ergründen, Diskussionen verfolgen und fremden Klängen lauschen.

Im neuen Kopfbau der Akademie der Künste am Pariser Platz ist man repräsentativ: Das Eingangsfoyer mit Informationsstand, Buchladen, Café und der großen Haupttreppe ist luftig und großzügig angelegt.

Akademie der Künste

Wiedervereinigte Kultur nach einem zerrissenen Jahrhundert: Ausstellungen, Konzerte, Theater und Lesungen unterstreichen den Stellenwert der Akademie

Pariser Platz 4, Mitte
F: 200 57-0 (zentral),
200 57-10 00,
200 57-20 00
S: Unter den Linden
Ö: Di-So 11-20 Uhr
Hanseatenweg 10
Tiergarten
U: Hansaplatz
Ö: Di-So 11-20 Uhr
M: info@adk.de
I: www.adk.de

Mit der Eröffnung der Akademie der Künste am Pariser Platz 2005 ist diese Institution an ihren ursprünglichen Ort zurückgekehrt. Architekt Günter Behnisch hat den kriegszertrümmerten Kern des Arnimschen Palais mit einer durchsichtigen Hülle umgeben. Das alt-neue Gebäude vereint endlich die Ausstellungs- und Veranstaltungsräume, die Büros und das Archiv – nachdem sie den größten Teil des 20. Jahrhunderts über den Ost- und Westteil der Stadt verstreut waren.
Kurfürst Friedrich III. gründete 1696 die „Academie der Mahler-, Bildhauer- und Architectur-Kunst" zur Aus- und Weiterbildung der Künstler. 1833 kam die Musikabteilung hinzu und 1926 – in der Blütezeit unter dem Präsidenten Max Liebermann am Pariser Platz – die Dichtkunst. Bis 1937 vertrieben die Nazis die Mitglieder systematisch aus dem Arnimschen Palais. Nach dem Krieg stritten sich Ost und West um die wahre Nachfolge der Akademie. 1950 gründete sich die spätere „Akademie der Künste der DDR". Arnold Zweig wurde ihr erster amtierender Präsident. Unter den Aktivitäten zu DDR-Zeiten erreichte besonders die Literaturzeitschrift „Sinn und Form" ein internationales Renommee. Erst 1954 zog der Westen nach, berief Hans Scharoun an die Spitze der Insti-

tution und entfaltete seit 1960 im Neubau von Werner Düttmann ein Kulturprogramm von Weltrang. Mit dem Mauerfall stürzten die Barrieren zwischen den Akademien nicht sofort ein. Nach dem dreijährigen Intermezzo einer neuen Ostberliner Akademie unter Heiner Müller wurde Walter Jens im Juni 1994 Präsident der wiedervereinigten Akademie der Künste Berlin-Brandenburg. Zurzeit präsidiert der Heidelberger Plakatkünstler und Verleger Klaus Staeck über mehr als 400 Mitglieder in sechs Kunstsektionen, und auch im Düttmann-Bau im Hansaviertel finden weiterhin regelmäßig Veranstaltungen statt.

In den 300 Jahren ihres Bestehens bemühte sich die Akademie, die Künste zu fördern und ihren kulturpolitischen Beratungsauftrag wahrzunehmen. Die Liste der Direktoren und Präsidenten, Mitglieder und Ehrenmitglieder umfasst die gesamte Garde deutscher Hochkultur: von Goethe, Schinkel, Mendelssohn-Bartholdy, Käthe Kollwitz, Arnold Schönberg, Thomas Mann, Bertolt Brecht, Heinrich Böll und Günter Grass bis Daniel Libeskind, Wolfgang Rihm, Rosemarie Trockel, Wolfgang Tillmans und René Pollesch..

Schaperstraße 24
Wilmersdorf
F: 254 89-0, 254 89-100 (Karten)
U: Spichernstraße
E: je nach Veranstaltung
M: info@berlinerfestspiele.de, ticketinfo@berlinerfestspiele.de
I: www.berlinerfestspiele.de

Berliner Festspiele

Ein Dach für viele Festivals und Veranstaltungsreihen: Schauplatz für Musik, Theater, Tanz, Literatur, Kunst und Film

Der Auftrag der vom Bund finanzierten Institution lautet: Hauptstadtkultur. Das beinhaltet die Präsentation großer Namen wie auch innovativer zeitgenössischer Ansätze. Die 1951 gegründeten Berliner Festspiele waren als kultureller Frontstadtposten errichtet worden, als ein „kulturelles KaDeWe des Kalten Krieges". So nennt es Intendant Thomas Osterender, der den einstigen West-Berliner Kulturtanker seit Januar 2012 zu neuen Ufern führt. Nachdem die strategische Funktion der Festspiele als Brückenschlag und Drehscheibe zwischen Ost und West nach dem Zusammenbruch des Ostblocks obsolet geworden war, haben Oberenders Vorgänger Ulrich Eckhardt und ab 2001 Joachim Sartorius unter dem Festspiele-Dach eine Reihe hoch spezialisierter jährlich wiederkehrender Festivals veranstaltet, die im Leben der Stadt eine Art Kulturkalender bilden.

Die regelmäßigen Veranstaltungsreihen und Festivals der Berliner Festwochen sind die zeitgenössischen Klängen verpflichtete MaerzMusik, das renommierte Theatertreffen Berlin im Mai, das musikfest berlin und das internationale literaturfestival berlin im September, die Performance-Plattform „Foreign Affairs" und das Berliner JazzFest im Herbst. Daneben widmen sich die Berliner Festspiele in Bundeswettbewerben den talentierten Nachwuchs beim „Treffen junge

Musik-Szene“, „Treffen junger Autoren“ und dem „Theatertreffen der Jugend“. Oberender will nun die Superstruktur der Festspiele zwischen bildender Kunst, Musik, Literatur und Performing Arts durchlässiger machen und das Haus der Berliner Festspiele auch zwischen den einzelnen Festivals mit Leben füllen. Dazu entstehen neue kleine Spielstätten in den Foyers und die Kassenhalle in dem von Fritz Bornemann 1963 errichteten Vorbau wird ein „Debützentrum“.

Viele Festivals, ein Haus, ein Rahmen: Das Haus der Berliner Festspiele

DAAD – Deutscher Akademischer Austauschdienst

Büro Berlin
Markgrafenstraße 37
Mitte
F: 20 22 08-30
U: Stadtmitte
M: info.berlin@daad.de
I: www.daad-berlin.de

Internationale Künstler auf dem Weg zum Weltruhm und eine Galerie, die stets für überraschende Ausstellungen gut ist

Nach dem Umzug der DAAD-Galerie aus der Kurfürstenstraße in die Zimmerstraße stellen die Künstler aus dem Berliner Austauschprogramm die Resultate ihres Stipendienaufenthaltes an der ehemaligen deutsch-deutschen Grenze zur Schau. Seit 1965 machen Kreative aus aller Herren Länder der Sparten Literatur, Musik, Film und bildende Kunst auf dem Weg zum Weltruhm für ein Jahr Zwischenstation in Berlin. Was als Programm der Ford Foundation begann, führt der DAAD mit den Mitteln des Auswärtigen Amtes und des Berliner Senats

seit 1965 fort. Neben Unterhalt, Wohn- und Arbeitsraum für die Stipendiaten sorgt er für die Zusammenarbeit mit den städtischen Institutionen aus Kunst und Wissenschaft.
Die Literaturförderung nimmt sich seit dem Mauerfall besonders der jungen Schriftsteller aus Osteuropa an und erleichtert ihnen den Kontakt zu deutschen Verlagen. Aber auch etablierte Literaten wie die Ungarn Georges Tabori, György Konrád und Péter Nadas kamen so nach Berlin. In den 60er- und 70er Jahren mischte der DAAD die Berliner Musikszene auf. Neue Musik von György Ligeti, John Cage und Krystof Penderecki erklang plötzlich in hiesigen Konzerthallen. Der DAAD half István Szabó, seinen Film „Mephisto" zu realisieren; Jim Jarmusch und Andreij Tarkowskij nutzten Berlin als Stützpunkt zur Projektplanung. Die Förderung der bildenden Kunst hat allerdings einen besonderen Status im Berliner Künstlerprogramm. Seit 2008 sorgt die Kunsthistorikerin Ariane Beyn als Leiterin der Abteilung und Nachfolgerin von Friedrich Meschede für frischen Wind. Es ist der einzige Bereich, in dem eine Jury die Gäste nominiert. Das macht sich auch außerhalb der Galerie bemerkbar: Matt Mullican hängte seine symbolträchtigen Fahnen in den S-Bahnhof Alexanderplatz und Micha Ullman setzte der Bücherverbrennung auf dem August-Bebel-Platz ein Denkmal.

Haus der Kulturen der Welt

John-Foster-Dulles-Allee 10
Tiergarten
F: 397 87-0, 39 78 71 75 (Karten)
B: 100
E: je nach Veranstaltung
Ö: Mo-So 10-19 Uhr und zu den Veranstaltungen

Folklore, Fakten, Freude – im Schaufenster der Weltkulturen finden Kommunikation, Kultur und Genuss zusammen

Das Schaufenster der Weltkulturen befindet sich in einem architektonisch ungewöhnlichen Haus, es war 1957 ein Geschenk der USA an die Frontstadt Berlin. Seit 1989 befindet sich das Haus der Kulturen der Welt (HKW) in der „Schwangeren Auster" – dem Berliner Kosenamen für die einstige Kongresshalle.
Das HKW gehört als Teil der 2002 gegründeten Kulturveranstaltungen des Bundes in Berlin GmbH (KBB) zu den Leuchttürmen bundesrepublikanischer Kulturpolitik, Spezialgebiet Ausland. Adressat sind jedoch weniger die Völker der Welt, es ist der deutsche Michel in allen seinen postmigrantischen Ausformungen. Seit 2006 versucht es unter der Leitung von Bernd M. Scherer mit einer Reihe von Festivals und Veranstaltungsreihen, wie der sommerlichen „Wassermusik" oder dem World Documentary Forum, internationale künstlerische und gesellschaftliche Prozesse und Diskurse sinnlich erfahrbar zu machen. Es ist eben „ein kosmopolitischer Ort für die zeitgenössischen Künste" .

KW Institute of Contemporary Art

Kunst-Institution – nicht nur für die trendbewusste Szene, sondern auch viele Touristen, die sich in Mitte tummeln

Auguststraße 69
Mitte
F: 24 34 59-0
S: Oranienburger Straße, Hackescher Markt
E: 6 €, erm. 4 €
Ö: Di/Mi/Fr-So 12-19, Do 12-21 Uhr
M: info@kw-berlin.de
I: www.kw-berlin.de

Vom Hotelzimmer bis zum Schulraum, vom Ladenlokal bis zur Toilette reichten einmal die Örtlichkeiten, in denen sich die junge Berliner Kunst rund um die Auguststraße ausbreitete. Klaus Biesenbach legte mit der Ausstellung „37 Räume" 1992 den Grundstein für die trendbewusste Szene in Mitte. Längst hallt der glänzende Ruf des KW Institute of Contemporary Art, getragen vom Kunst-Werke Berlin e. V., sogar bis nach New York. Der umtriebige Gründervater Biesenbach ist daran nicht ganz unschuldig.

Seit der endgültigen Instandsetzung 1999 holt das KW Institute die großen Namen des Kunstbetriebs nach Berlin. Die Skandal-Briten Jake und Dinos Chapman zeigten hier ihre makabren Farbfotos eines KZ-Infernos im Spielzeugformat. Der smarte Matthew Barney ließ live und im Film „Cremaster 2" seine Kunst-Muskeln spielen. Wenngleich sich manche The-

Der Berliner Nachwende-Kunstboom ist ohne sie kaum denkbar: die Kunst-Werke an der Auguststraße

menstellung hier etwas theorieschwer gibt, sind doch meistens Trendsetter unter den präsentierten Künstlern. Hier fand die im Vorfeld umstrittene RAF-Ausstellung statt, die sich allen Befürchtungen zum Trotz als gediegene Kunstschau entpuppte. 2012 gab Chefkurator Artur Zmijewski der siebten Berlin-Biennale einen hoch politischen Anstrich, selbst Aktivisten der Occupy-Bewegung waren eingeladen. Auch sonst geht es gern mal etwas radikaler zu, wie unlängst bei einer Schau über New Yorker Filmemacher der 1980er Jahre, die erst ab 18 zugänglich war. Neben den 2.000 Quadratmetern Ausstellungsfläche bietet die Institution auch Wohn- und Arbeitsraum für Künstler im denkmalgeschützten Vorderhaus aus dem 18. Jahrhundert. Illuster sind daneben die Vorträge und Diskussionsveranstaltungen.

Alle Adressen und Infos finden Sie im Register ab Seite 179.

Noch mehr Institutionen

Länderinstitute aus aller Welt erweitern das reichhaltige Berliner Kulturprogramm genauso wie Kunstvereine und Stiftungen

Das **Collegium Hungaricum Berlin / Ungarisches Kulturinstitut** wurde 1973 als kulturelles Schaufenster der damaligen Volksrepublik im sozialistischen Bruderland DDR eröffnet, bekam in den Jahren vor der Wende eine besondere Bedeutung für die anders denkenden und fühlenden Intellektuellen der DDR. Hier wurden unzensierte Filme gezeigt und kontroverse Diskussionen geführt. 1989 sollte Ungarn dann auch für viele DDR-Flüchtlinge das Tor zum Westen werden. Nach der Wende fiel die Rolle Ungarns als „lustigste Baracke im sozialistischen Lager“ weg, man versuchte über den nationalen Blickwinkel

An alten Gebäuden steht in der durch den Margarethe-von-Trotta-Film mit Katja Riemann bekannt gewordenen Rosenstraße nur noch das denkmalgeschützte Gebäude Nummer 18-19. Hier residiert das spanische Instituto Cervantes.

hinaus die Situation und die Möglichkeiten Osteuropas zu definieren. Heute versteht sich das vis-à-vis des Maxim Gorki Theaters gelegene Kulturinstitut als ein als Mehrspartenhaus und bietet Literatur, Musik, Theater, bildender und multimedialer Kunst ein Forum

Bereits 1950 eröffnete das französische Kulturzentrum **Maison de France – Institut Français** am Kurfürstendamm. Hier werden nicht nur Sprachkurse geboten, sondern auch Filme, Theatervorführungen und andere kulturelle Veranstaltungen. Im Ostteil der Stadt kam 1984 das Centre Culturel Français Unter den Linden hinzu. Es war das einzige westliche Kulturzentrum in der DDR. Von den Ostdeutschen wurde es geradezu gestürmt, denn vor allem in der Bibliothek konnte man sich unzensiert über das westliche Ausland informieren. Nach der Wende wurde der Standort aufgegeben.

Schaufenster ihrer Kulturen mit kulturellen und politischen Veranstaltungen, Sprachkursen und Bibliotheken sind auch das **Italienische Kulturinstitut**, das **Instituto Cervantes**, das **Tschechische Zentrum**, das **Rumänische Kulturinstitut**, das **Bulgarische Kulturinstitut**, das **Finnland-Institut**, die **Griechische Kulturstiftung** und das **Japanisch-Deutsche Zentrum Berlin**. Letzteres ist allerdings kein staatliches Kulturinstitut. Träger ist eine deutsch-japanische Stiftung, die ihre Einrichtung als Plattform für den akademischen und kulturellen Austausch zwischen Deutschland, Japan und Europa begreift. Das **Russische Haus der Wissenschaft und Kultur** ist hingegen eine hundertprozentig staatliche Einrichtung der Russischen Föderation. Gelegen in einem Filetstück der Stadt, an der feinen

Basisdemokratisch, gegen Kunstvereinsmeierei und offen: die Neue Gesellschaft für Bildende Kunst in der Kreuzberger Oranienstraße

Französischen Straße in Mitte mit Edelboutiquen und Prachtkaufhäusern, verteilt es sich über 29.000 Quadratmeter (!) auf sieben Geschossen. Darunter befinden sich Konzert- und Kinosäle, vier Ausstellungsräume, ein Musiksalon, ein Bankettsaal sowie das größte Foyer Berlins. 2.000 Menschen finden in der Eingangshalle bequem Platz. Natürlich hat auch das Land der größten Immigrantengruppe Berlins ein Kulturzentrum. Rund 200.000 Menschen türkischer Abstammung leben heute in der deutschen Hauptstadt. Im **Türkischen Haus** steht aber nicht nur der Kulturaustausch zwischen den Nationalitäten an erster Stelle. Aus den Gastarbeitern der 60er-Jahre ist in der dritten und vierten Generation mittlerweile eine selbstbewusste Gesellschaft geworden. Eine Minderheit, die nach Meinung des türkischen Generalkonsulats, dem das Kulturzentrum untersteht, allerdings gefährdet sei, ihre gemeinsame Identität zu verlieren. Den in Deutschland aufgewachsenen Generationen sollen ihre Wurzeln gezeigt werden.

Eine der ältesten Kulturorganisationen ist natürlich britisch. Seit 1934 ist **The British Council** die für den internationalen Kulturaustausch zuständige Vertretung Großbritanniens im Ausland, seit 1959 auch in Deutschland. Nachdem man 2000 ein sehr repräsentatives Domizil am Hackeschen Markt bezogen hatte, verkleinerte sich das traditionsreiche Auslands-Kulturinstitut des Vereinigten Königreichs 2007 und ist nur noch durch ein Büro am Alexanderplatz vertreten.

Im Deutschen Bundestag wird nicht nur debattiert, hier gibt es auch Kunst zu sehen. Künstler wie Georg Baselitz, Jenny Holzer, Neo Rauch und andere sorgen für eine repräsentative Ausstattung der Räume des Parlamentskomplexes, und hier gibt es auch einen eigenen, öffentlich zugänglichen **Kunst-Raum im Bundestag** mit wechselnden Ausstellungen – im Marie-Elisabeth-Lüders-Haus, Zugang von der Spree-Promenade. Wem das nötige Kleingeld für Gegenwartskunst fehlt, dem hilft der **Neue Berliner Kunstverein** (NBK). 1970 gründete er die erste Artothek in Deutschland und verleiht seitdem Werke renommierter wie unbekannter, zumeist Berliner Künstler. Neben dieser Form der Kunstvermittlung hat sich der NBK, der aus dem 1965 gegründeten Berliner Kunstverein hervorging, besonders der Verbindung von Ost und West verschrieben. Schon sein Umzug vom Ku'damm in die Chausseestraße setzte dafür 1994 ein deutliches Zeichen. Ein kampflustiger Stern ist das Logo der **Neuen Gesellschaft für Bildende Kunst**. Neben dem Neuen Berliner Kunstverein ging sie als Spaltprodukt mit Linkstendenz aus der Teilung des Berliner Kunstvereins im Jahre 1969 hervor, und bis heute gilt Basisdemokratie: Jedes Mitglied ist gleichberechtigt, das Programm bestimmt die Jahresversammlung. Heute sind die Präsentationen zwar weniger didaktisch, aber weiterhin Minderheiten und Tabuthemen vorbehalten. Die Zentrale der Neuen Gesellschaft liegt in der Oranienstraße, der Kulturmeile des ehemaligen Krawall-Kiezes SO 36 in Kreuzberg, und bietet dem Berliner Establishment beachtlich Paroli. Als Kind des Kalten Krieges besinnt sich das **Haus am Lützowplatz** heute verstärkt auf ein nicht mehr nur ostwärts gerichtetes Mäzenatentum: Mit der Ehrung des Fluxus-Pioniers Emmet Williams anlässlich seines 75. Geburtstages im Jahr 2000 und den Präsentationen von etablierten Künstlern wie Elvira Bach oder Anna und Bernhard Blume blieb das Haus im Gespräch. Und kann sich so auch Ausstellungen mit Nachwuchskünstlern oder einem Jim Avignon leisten. Nach 35 legendären Jahren am Kreuzberger Mariannenplatz ist das **Künstlerhaus Bethanien**, das seit Mitte der 70er Jahre Maler, Bildhauer und Theaterschaffende aus aller Welt beherbergt, an die Kottbusser Straße gezogen. Neukölln ist nicht weit und mit einem Stipendium können die Gäste nun noch mehr Atelierräume nutzen, um die Arbeitsergebnisse danach zur Schau zu stellen. So manche Künstlerkarriere hat im Bethanien begonnen, aber auch große Namen standen schon auf der Liste der Lehrenden: Heiner Müller, Ariane Mnouchkine und Andrej Tarkowskij gaben im Künstlerhaus ihre Regiekünste an den Nachwuchs weiter. Am Mariannenplatz geblieben ist der **Kunstraum Kreuzberg/Bethanien** mit Ausstellungen zeitgenössischer Kunst. Das **Internationale Design Zentrum** (IDZ) versteht sich als Vermittler zwischen Wirtschaft, Design und der Öffentlichkeit. Seit seiner Gründung 1968 bietet der gemeinnützige Verein eine breite Palette an Dienstleistungen an: Er berät Unternehmer, vermittelt die Kreativen an die Industrie, richtet Konferenzen aus, unterhält eine Bibliothek und kuratiert Ausstellungen zum Produktdesign. Seit Frühjahr 2011 an einem besonders spannenden und geschichtsträchtigen Ort: auf dem Gelände des ehemaligen Flughafen Tempelhof.

Der Komiker **Kurt Krömer** kann sich rühmen, einen Humorexperten wie Harald Schmidt zum Fan zu haben. Der Berliner zieht mit Charme und Kodderschnauze über die Kleinkunstbühnen und in seiner respektlosen RBB-TV-Show über Gäste und Publikum her. Seine ersten Erfolge feierte Krömer in der ufa-Fabrik, der er sich weiter verbunden fühlt.

In Anknüpfung an die Tradition der Neuen Synagoge in der Oranienburger Straße versteht sich die **Stiftung Neue Synagoge Berlin – Centrum Judaicum** als Bindeglied zwischen Vergangenheit und Zukunft. Es will die Geschichte der Juden in Berlin und seinem Umfeld aufarbeiten, an die Leistungen der jüdischen Bevölkerung erinnern und das Gedenken an die Opfer bewahren. Wechselnde Ausstellungen sollen über die ständige Präsentation hinaus bewirken, dass jüdische Geschichte plastisch und greifbar wird. Nicht weit davon, an den Hackeschen Höfen, befindet sich das **Anne Frank Zentrum**. Die Ausstellung „Anne Frank. hier & heute" erzählt die persönliche Lebensgeschichte des jüdischen Mädchens und verbindet diese mit der Welt, in der sie lebte. Das Internationale Kulturzentrum **ufaFabrik** gilt als Beispiel für die geglückte Umsetzung eines alternativen Lebens- und Arbeitskonzeptes – durchaus innerhalb der Gesellschaft. Das begann 1979 in der Illegalität und ist nun mitunter schmückendes Beiwerk senatsoffizieller Veranstaltungen: Ob Kulturstadt Europas 1988 oder Olympiabewerbung 1993 – die ufaFabrik, längst ohne Berührungsängste, mischt mit ihrem hauseigenen Circus und den Samba-Trommlern „Terra Brasilis" mit.

LOCATIONS

Getreu dem klassischen Goethe-Motto „Wer vieles bringt, wird manchem etwas bringen“ präsentieren sich einige multifunktionale Veranstaltungsorte – in alten Straßenbahndepots oder ehemaligen Brauereien, im Zeltbau und in Brotfabriken.

Kulturbrauerei

Schönhauser Allee 36
Prenzlauer Berg
F: 44 31 51-51/52
U: Eberswalder Straße
E: je nach Veranstaltung
M: info@kulturbrauerei.de
I: www.kulturbrauerei.de

Im denkmalgeschützten Straßenblock gibt es viel Raum für alle kulturellen und kulinarischen Angelegenheiten

Hinter der Kulturbrauerei verbirgt sich mehr als ein einziger Veranstaltungsort. Mit Kesselhaus, Maschinenhaus, Alter Kantine, Galerie im Pferdestall und Palais sind es gleich fünf. Mindestens, denn mit den acht Sälen des Kinos in der Kulturbrauerei, der LiteraturWerkstatt, dem Russischen PANDA-Theater, dem integrativen Theater RambaZamba, dem Soda/Club 23, dem frannz-Club und Restaurants kommen noch viele weitere hinzu, die sich auf dem Gelände befinden aber nicht zur eigentlichen Kulturbrauerei GmbH gehören. Immerhin verfügt diese mit mehr als 7.000 Quadratmetern Mietfläche über etwa 17 Prozent der vorhandenen Nutzfläche des Geländes, auf dem im 19.Jahrhundert ein gewisser Jobst Schultheiß das nach ihm benannte Bier braute. Durch die städtebauliche Konzipierung der heutigen Knaackstraße wuchs das genutzte Areal 1867 von ursprünglich zwei auf zwölf Morgen. 1920 entstand hier durch die Elefantenhochzeit von Schultheiß- und Patzenhofer-Brauerei die weltgrößte Lagerbierbrauerei.

1967 war allerdings Schluss mit Hopfen und Malz an der Schönhauser Allee. 1978 wurde der ehemalige Brauerei-Komplex wegen seiner einzigartigen Architektur unter Denkmalschutz gestellt. Nach der Wende schloss die Treuhand einen Mietvertrag mit der gemeinnützigen Kulturbrauerei GmbH ab und bewilligte 100 Millionen Mark für den Ausbau des Areals als Zentrum für Handel, Dienstleistung und Kultur. Und geradezu verpflichtet durch den gewählten Namen gibt es natürlich auch wieder Bier auf dem Gelände.

Pfefferberg

Pfefferberg S. 164
Schönhauser Allee 176
Mitte
F: 44 38 34 36
U: Senefelderplatz
E: je nach Veranstaltung
M: pr@pfefferwerk.de
I: www.pwag.net

Geländegängig: Sozialarbeit und Subkultur mit angeschlossenem Biergarten im Industriedenkmal

Nicht nur die Kulturbrauerei gründete sich auf dem Gelände einer ehemaligen Brauerei, auch auf dem Pfefferberg wurde dereinst Bier gemacht. Der denkmalgeschützte Garten hoch über der Schönhauser Allee ist ein im Sommer gern besuchter Biergarten, da ist man ganz traditionsbewusst, ansonsten brauen sich auf dem Gelände eher viele Kunstlocations zusammen: Der bekannte isländische Künstler Olafur Eliasson betreibt ein Atelier, es gibt das Kunst- und Atelierhaus Meinblau mit Ateliers und Ausstellungsräumes, die dänische Galerie Mikael Anderson unterhält eine Dependance und das Architekturforum Aedes zeigt Ausstellungen zur Baukultur. Es gibt zwei Restaurants, Indie-Konzerte im Bassy Cowboy

Im Pfefferberg wird zwar kein Bier mehr gebraut, aber doch bei allerlei Kulturveranstaltungen verkauft und getrunken

Club und verschiedene kulturelle Veranstaltungen im sogenannten Haus 13.

Der Name Pfefferberg bezieht sich auf einen bayerischen Braumeister namens Pfeffer, der im Jahr 1841 auf den Ausläufern des Höhenzuges Barnim vor den Toren der Stadt Berlin eine Brauerei gründete. Die 13.504 Quadratmeter große Fabrikanlage fand sich aufgrund der ersten wilhelminischen Stadterweiterungen der Gründerzeit plötzlich mitten in Berlin wieder. Noch heute liegen übrigens unter dem südlichen Hof ausgedehnte Lagerkeller der ehemaligen Brauerei, deren Größe einmalig ist für Berlin.

Holzmarktstraße 33
Friedrichshain
F: 288 788 50
S & U: Ostbahnhof
E: je nach Veranstaltung
M: info@radialsystem.de
I: www.radialsystem.de

Radialsystem V

Spielstätte mit Spreeblick – zwischen Sasha Waltz und Klassik in neuen Formaten

Der schönste Platz ist auf dem Deck. So heißt die Zwischenetage, die eigentlich eine extragroße Terrasse ist. Hier tanzt man bisweilen Tango, während die untergehende Sonne die

am Haus vorbeifließende Spree illuminiert. Ansonsten pflegt man vorwiegend den zeitgenössischen Tanz (das Haus ist Probe- und Aufführungsort der Tanzcompagnie von Sasha Waltz) und die barocke Musik in ungewöhnlicher Präsentation, Volker Uhde von der Akademie für Alte Musik gehört neben Jochen Sandig zu den Betreibern und Gründern des Radialsystems. Das Radialsystem V umfasst zwei große Veranstaltungshallen, Probestudios, Café, Uferterrasse und Bootsanleger. Hausensembles neben der Compagnie Sasha Waltz & Guests und der Akademie für Alte Musik Berlin sind das Vocalconsort Berlin und das Solistenensemble Kaleidoskop. Die Sopranistin Annette Dasch produziert und sendet von hier aus ihre 3sat-Show „Annettes DaschSalon“.
Hier wird Klassik nicht als elitäres Vergnügen zelebriert, sondern eine neue, moderne Rezeption entwickelt in Mischformaten wie der „Barock Lounge“, wo Klassik auf Clubkultur trifft, oder bei Konzerten, denen der Zuschauer im Liegen lauscht. Das Programm ist interdisziplinär und innovativ und man hat ein Herz für junge Familien: Es gibt Kinderbetreuung und Familiennachmittage mit Kulturgenuss für Kind und Kegel..

Noch mehr Locations

Alle Adressen und Infos finden Sie im Register ab Seite 179.

Zwischen Kunst und Kiez

Die berühmteste Ruine Berlins? Was für die einen vielleicht die Kaiser-Wilhelm-Gedächtniskirche ist, wird für andere das Kunsthaus **Tacheles** sein. Nur sind dessen Tage gezählt. Das Gelände steht unter Zwangsverwaltung durch die HSH Nordbank und die Räumung ist nach und trotz vieler Proteste nur noch eine Frage der Zeit. Mit ihrem Protestprojekt wurden die Künstler Ende Juli 2012 noch zur documenta nach Kassel eingeladen - wie lange das Tacheles danach noch steht ist ungewiss. Seinen Namen verdankt es einer Gruppe junger Musiker, die das Haus 1990 zusammen mit anderen Künstlern aus Ost und West besetzten und in den folgenden Jahren mit ihrem Konzept aus Kunst und Chaos zu einer Touristenattraktion ersten Ranges machten. Inzwischen taugt die Oranienburger Straße mit ihrer Mischung aus Edelgastronomie, Galerien und abendlichem Straßenstrich kaum mehr zum Brennpunkt der Subkultur. Das Tacheles hat dieses Image immerhin lange aufrechterhalten können.
Mit Peter Steins spektakulärem „Faust"-Marathon von insgesamt 21 Stunden an 34 Wochenenden ist die **Arena** bei Kulturfreunden weltweit ein Begriff geworden. In Berlin ist sie das schon seit 1995. Allerdings war sie weniger als Theaterort bekannt, sondern eher als Platz für alles Mögliche. Eine Mehrzweckhalle wie die Schulaula, nur dass hier nicht Abiturientenbands aufspielen oder die Theater-AG, sondern B. B. King und Santana, Lauryn Hill und Lenny Kravitz. Es gibt auch

Modemessen, Produktpräsentationen und Partys in dem unter Denkmalschutz stehenden, 7.000 Quadratmeter großen Komplex. Mit dazu gehört das Restaurantschiff Hoppetosse, das Glashaus – ein als Club, Theater und Café genutztes Nebengebäude – und das Badeschiff, ein in die Spree eingelassener Swimmingpool.

Die unter Denkmalschutz stehende große Halle der Arena war früher ein Busdepot. Heute rocken internationale Bands das Gelände.

Die **Brotfabrik** in Weißensee war tatsächlich einst eine Bäckerei. Als „Brotfabrik Michael Kohler – Erste Zerpenschleuser Landbrotbäckerei" firmierte sie ab 1890. Davon hat sie heute nur noch den Namen, längst werden hier ganz andere Dinge gebacken – kulturelle Happen aus Kino, Bühne, Literatur und Kunst. Widmet sich das Kino in der Brotfabrik als Programmkino neben Klassikern aktuellen nationalen Produktionen und weniger bekannten Filmen aus dem In- und Ausland, ist die „BrotfabrikBühne" eine Spielstätte für freie Theater. Eine Galerie zeigt Ausstellungen mit wechselnden Schwerpunkten, überwiegend Präsentationen zeitgenössischer Kunst.

Mit dem legendären Tempodrom im Zirkuszelt hat der Mehrzweckbau des **Neuen Tempodroms** nichts mehr zu tun, auch wenn das Gebäude einem Zelt nachempfunden ist. Die Zelt-

Im Sommer Schwimmbad, im Winter Sauna: das beliebte Badeschiff belebt die Tradition der Flussschwimmbäder der Jahrhundertwende

bühne im Tiergarten gehörte zu den beliebtesten Veranstaltungsorten West-Berlins. Stars wie Bob Dylan oder Lou Reed gastierten dort, doch als das Bundeskanzleramt nach der Vereinigung in direkter Nachbarschaft gebaut wurde, musste das Zelt weg; mit der Entschädigung und weiteren öffentlichen Mitteln wurde das Neue Tempodrom am Anhalter Bahnhof errichtet. Seinen eigentümlichen Charme konnte es dort nicht aufrechterhalten. Inzwischen ist es nur noch eine seelenlose Gastspielstätte diverser kommerzieller Veranstaltungen. Hier wird mit Dieter Bohlen das „Supertalent" gesucht, aber auch Pop-Schwergewichte wie Patti Smith oder Brian Wilson konzertieren hier.

Direkt an der Warschauer Brücke, einer der wichtigsten Verkehrsadern im Bezirk Friedrichshain-Kreuzberg, befindet sich der **RAW-Tempel** auf einem 8.800 Quadratmeter großen Gelände, das der Deutschen Bahn gehört. Er ist ein alternatives Kulturprojekt, dessen Credo (hochwertige Kultur niedrigschwellig bereitzustellen) zeigt, dass hier nicht der kommerzielle Erfolg die Programmplanung bestimmt. Außerdem bietet es über 60 soziokulturellen Projekten ein Dach.

DURCHS JAHR

Berlin bietet an 365 Tagen im Jahr gute Unterhaltung. Und immer wieder Events, die diese Stadt bewegen: von der Berlinale bis zum Karneval der Kulturen, vom Theatertreffen bis zum Art Forum.

Januar und Juli

Fashion Week

Showrooms und Schauen: Zweimal jährlich wird Berlin zur internationalen Bühne für Fashion und Lifestyle

Straße des 17. Juni an der Siegessäule, Ehem. Flughafen Tempelhof, Platz der Luftbrücke 5, Tempelhof und verschiedene Offsite Locations
F: 39 98 0-0
I: www.fashion-week-berlin.com

Ich bin ein Model, und ich seh‘ gut aus: Zweimal im Jahr ist in Berlin die Mode los, wenn die Trends für die Herbst/Winter- und Frühling/Sommer-Kollektionen vorgeführt werden. Dann zeigt sich, dass Berlin in Sachen Mode durchaus mit Mailand oder Paris mithalten kann, auch wenn die Haute Couture woanders aufläuft und Öko-Mode und Vintage feste Bestandteile der Week sind. Promis kommen gleichwohl jede Menge und rund um die Siegessäule gibt es auf der Straße des 17. Juni (aber auch an anderen Orten) Catwalks für alle. Sogar in der fahrenden U-Bahn. Eher für Fachbesucher gedacht sind die Messen Bread & Butter und Premium im ehemaligen Flughafen Tempelhof.

Februar

Internationale Filmfestspiele Berlin

Zwischen rotem Teppich, Premierenfieber und Cineastenfutter: Glamour und begehrte Preise am Potsdamer Platz

Potsdamer Straße 5
Tiergarten
F: 259 20-0
S & U: Potsdamer Platz
E: 7-8 €, Berlinale-Palast 11 €, Generation: 3 €
M: info@berlinale.de
I: www.berlinale.de

Cannes ist schicker. Und Venedig wärmer. Doch die Berlinale gehört trotzdem seit ihrer Gründung 1951 neben Cannes und Venedig zu den führenden Filmfestivals der Welt. Sie gilt als „Arbeitsfestival“, obwohl Stars auch in Berlin gern gesehen sind. Zu West-Berliner Zeiten hatte der Ost-West-Dialog stets absolute Priorität. Etliche Klassiker der Filmkunst sind unter den Gewinnern des „Goldenen Bären“ „ auch US-Kultfilme wie „Smoke“ von Wayne Wang (1995) und „Dead Man Walking“ von Tim Robbins (1996) liefen zuerst auf der Berlinale. Für Cineasten meist interessanter als der Wettbewerb selbst ist die zweite Sektion des Festivals, das Internationale Forum des jungen Films, das es seit 1971 gibt.

März

MaerzMusik

Hier hört man sich nach vorne „ ein Festival für und mit Nachwuchs und Klassikern der Neuen Musik

Berliner Festspiele GmbH
Schaperstraße 24
Wilmersdorf
F: 254 89-218, 254 89-100 (Karten)
Ö: je nach Veranstaltung
E: je nach Veranstaltung
M: maerzmusik@berlinerfestspiele.de, tickets@berlinerfestspiele.de
I: www.berlinerfestspiele.de

Viel Neues für die Ohren bietet dieses internationale Festival für zeitgenössische Musik, das aus der „Musik-Biennale“ hervorgegangen ist und nun jedes Jahr stattfindet. Es bietet Urauf-

führungen, Erstaufführungen, Rauminszenierungen, Multimediaprojekte und Gesprächsrunden junger oder jung denkender Komponistinnen und Komponisten. Zahlreiche Erstaufführungen von Nachwuchstalenten und namhaften Komponisten wie Luigi Nono, Wolfgang Rihm, György Ligeti und Steve Reich geben den Programmen Kontur. Natürlich kann manch Ungehörtes dabei subjektiv als durchaus unerhört empfunden werden, aber keine Neue Musik ohne offene Ohren und Geister. Auch Strawinsky war seinerzeit umstritten, heute ist er ein moderner Klassiker.

Bei der Maerzmusik 2012 zeigte die Japanerin Junko Wada im Foyer der Festspiele eine Bewegungsperformance zu den Tönen des Klangkünstlers Rolf Julius

Mai

Theatertreffen Berlin

Leistungsschau des Theaters: das Beste und Bemerkenswerteste von deutschsprachigen Bühnen

Berliner Festspiele GmbH
Schaperstraße 24
Wilmersdorf
F: 254 89-0, 254 89-100 (Karten)
E: je nach Veranstaltung
M: tickets@berlinerfestspiele.de
I: www.berlinerfestspiele.de

Als eine Leistungsschau des deutschsprachigen Theaters versteht sich das 1963 gegründete Theatertreffen Berlin. Eine Jury wählt aus 400 Inszenierungen die bemerkenswertesten

Das deutsch-britische Performancekollektiv Gob Squad (Foto) wurde mit seiner berührenden Performance „Before Your Very Eyes“ zum Theatertreffen 2012 eingeladen

zehn aus, die sie für die „bemerkenswertesten“ der Spielzeit hält, und lädt die Macher in die Hauptstadt. Das renommierte Festivalschiff stand sehr lange für das Regietheater eines Peter Zadek (der absolute Spitzenreiter der Einladungen), gefolgt von Peter Stein und Claus Peymann. Mittlerweile trägt das Festival auch neuen Formen, ästhetisch und inhaltlich, Rechnung. Und auch in internationaler Vernetzung entstandene Arbeiten der Freien Szene wirden präsentiert. So spiegelt das Theatertreffen tatsächlich „Spannweite und Stilpluralität aktueller Theaterarbeit“.

Pfingsten (Mai/Juni)

Karneval der Kulturen

Die Lieblingsparade der Berliner und ihrer Gäste: die bunte Mischung auf Kreuzbergs Straßen

Veranstalter: Werkstatt der Kulturen
Wissmannstraße 32
Neukölln
F: 60 97 70-22
M: info@karneval-berlin.de
I: www.karneval-berlin.de

Alles so schön bunt hier: Der Karneval der Kulturen ist längst die Lieblingsparade der Berliner. Über 500.000 Menschen feiern seit 1995 jedes Jahr zu Pfingsten die Vielfarbigkeit der Stadt. Multikulti als gemeinsamer Nenner für die ganze Familie, na so was. Was Funkenmariechen und Tony Marshall nie geschafft haben, nämlich im protestantisch-nüchternen Berlin Karnevalsstimmung aufkommen zu lassen, gelingt seit über zehn Jahren einer Allianz von gut 4.000 Akteuren aus allen Erdteilen.

Juni

Christopher Street Day

CSD Berlin e. V.
Kleiststraße 35
Schöneberg
F: 23 62 86 32
M: info@csd-berlin.de
I: www.csd-berlin.de

Nicht unbedingt immer jugendfrei, die Parade der Schwulen und Lesben: bunt, schräg und que(e)r

Was hier gezeigt wird, ist oft ohne – denn traditionell ist bei der Parade der Schwulen und Lesben viel nackte Haut zu sehen. Millionen Homosexuelle feiern in vielen Städten mit bunten Umzügen den Christopher Street Day. Er geht auf die Ereignisse am 27. Juni 1969 zurück, als eine Polizeirazzia in der Stonewall Inn Bar in der New Yorker Christopher Street Krawalle auslöste, die zum Symbol für Widerstand wurden. Der CSD findet meist an den Wochenenden um den 27. Juni statt.

Demonstrieren und Feiern: Der CSD ist auch eine Spaßparade und eine muntere Schaustellung sexueller Spielarten

August

Tanz im August

Bereits im 24. Jahrgang erfolgreich und beliebt: das größte Treffen des Tanztheaters

Das größte jährliche Tanzfest Deutschlands bietet seit 1989 ein breites Spektrum der wichtigsten Künstler und Gruppen des zeitgenössischen Tanzes, aber auch Choreografien experimenteller Newcomer der internationalen Szene. Etliche Stars wie Pina Bausch und Jirí Kyliáns Nederlands Dans Theater, die vielleicht lebendigste Ballettkompanie Europas, gehörten wiederholt zu den Gästen. Das renommierte Tanzfestival ist eine gemeinsame Veranstaltung des Hebbel am Ufer und der Tanzwerkstatt Berlin.

Hebbel am Ufer
Stresemannstraße 29
Kreuzberg
F: 25 90 04 27 (Karten), 25 90 04-0
U: Möckernbrücke/ Hallesches Tor
B: M29
E: je nach Veranstaltung
M: info@hebbel-am-ufer.de
I: www.tanzimaugust.de

Wegen eines Gedichts wanderte der chinesisches Schriftsteller **Liao Yiwu** für vier Jahre ins Gefängnis, dem chinesischen Regime passte die darin geäußerte Kritik an der Niederschlagung der demokratischen Bewegung in der Folge des Massakers auf dem Platz des Himmlischen Friedens nicht. Er durfte in China nicht mehr publizieren. Als er 2010 erstmals China verlassen durfte, gab er seine erste Lesung im Ausland beim Internationalen Literaturfestival Berlin. Seit 2011 lebt Liao Yiwu im Exil in Berlin.

September

musikfest berlin

Taktstockmeister und Edelklangkörper, Stars und neue Namen: Kompositionen aus Geschichte und Gegenwart

Aus den Berliner Festwochen hervorgegangen ist das musikfest berlin, das 2004 zum ersten Mal stattfand und aktuelle Ur- und Erstaufführungen sowie wichtige internationale Koproduktionen präsentiert. Neben dem Theater pflegten die traditionsreichen Festwochen vor allem die Musik. Es gibt wohl kein gewichtiges Orchester der Welt, das hier nicht schon gespielt hätte. Von Wilhelm Furtwängler bis Leonard Bernstein und Herbert von Karajan bis zu Claudio Abbado bewegten in Berlin die Größten des Metiers den Taktstock. Neben den Stars präsentiert das musikfest aber stets auch neue, noch zu entdeckende Namen. Spielorte sind. Hauptaufführungsorte sind Philharmonie und deren Kammermusiksaal sowie das Konzerthaus Berlin.

Berliner Festspiele GmbH
Schaperstraße 24
Wilmersdorf
F: 254 89-244, 254 89-100 (Karten)
U: Spichernstraße
E: je nach Veranstaltung
M: musikfest@berlinerfestspiele.de, tickets@berlinerfestspiele.de
I: www.musikfest-berlin.de

September

internationales literaturfestival berlin

Das literarische Großereignis des späten Sommers und eins der wichtigsten Schriftstellertreffen weltweit

Den literarischen Ausnahmezustand in der Hauptstadt ruft alljährlich das internationale literaturfestival berlin aus. Das 2001 unter der Ägide von Ulrich Schreiber gestartete Lese-Event mauserte sich schnell zu einem Highlight der deutschen Literaturlandschaft und gehörte schon nach vier Jahren zum Programm-Portefeuille der Berliner Festspiele. Hier liest alles,

Chausseestraße 5
Mitte
F: 27 87 86-20, 254 89-100 (Karten)
U: Oranienburger Tor
Ö: je nach Veranstaltung
E: 5-12 €, Tageskarte 16 €, erm 13 €
M: info@literaturfestival.com, tickets@berlinerfestspiele.de
I: www.literaturfestival.com, www.berlinerfestspiele.de

Auf dem Literaturfestival kommen Autoren und ihre großen und kleinen Leser in Kontakt

was Rang und Namen hat „ und zwar aus und in aller Welt. Daneben werden auch Diskussionen und diverse Rahmenveranstaltungen geboten. Jedes Jahr macht das Festival die Literatur eines anderen Kulturkreises zum Schwerpunktthema.

September

Berlin Art Week

Neue Plattform im so wichtigen Berliner Kunstherbst und vielleicht auch ein Ersatz fürs Art Forum

Veranstalter:
Kulturprojekte Berlin GmbH
Klosterstr. 68
Mitte
F: 24 74 98 35
M: kontakt@berlinartweek.de
I: www.berlinartweek.de

Wie geht's weiter mit dem Berliner Kunstherbst? Das war, das ist die große Frage nach dem überraschenden Ende des Art Forum 2011. Von 1996 bis 2010 war die international renommierte Messe der Magnet gewesen, wenn es darum ging, Sammler und auch einen Teil des Kunst-Jetsets nach Berlin zu locken. Doch nicht nur, dass ein Teil der Berliner Galeristen zerstritten war, sorgte schließlich für das Aus. Die Berliner Haupt-Kunstmesse war auch unterlegen im direkten Kampf mit der immer selbstbewusster agierenden Gegenmesse „abc". Damit der legendäre Kunstherbst eine Zukunft hat, gibt es 2012 erstmals die „Berlin Art Week" - ein Zusammenschluss von Institutionen wie dem Kunstverein NGBK, den Kunst-Werken, der Berlinischen Galerie und der Nationalgalerie. Und auch „abc" und „Preview", einst Satellitenmesse des Art Forum, sowie „hunderte von Galerien" sollen mit dabei sein. In der zweiten Septemberwoche will man gemeinsam an einem Strang ziehen: im Sinne des Kunststandortes Berlin. Man darf gespannt sein!

Oktober

Foreign Affairs

Die internationalen Trends der Szene zeigt das Festival für Theater und die performativen Künste

Berliner Festspiele GmbH
Schaperstraße 24
Wilmersdorf
F: 254 89-0, 254 89-100 (Karten)
U: Spichernstraße
E: je nach Veranstaltung
M: tickets@berliner-festspiele.de
I: www.berlinerfestspiele.de

Der Nachfolger des Festivals „Spielzeit'europa" tritt 2012 erstmals an, um einen weltweiten „Clash der Visionen" zu provozieren. Als internationales Festival für zeitgenössische performative Künste knüpft es interdisziplinäre Netzwerke zwischen Künstlern verschiedener Erdteile und führt heterogene künstlerische Positionen und Traditionen zusammen. Die erste Ausgabe verantwortet die Belgierin Frie Leysen, eine Grande Dame der internationalen freien Szene, Begründerin und langjährige Leiterin des multidisziplinären KunstenFESTIVALdesArts in Brüssel. Eingeladen ins Haus der Berliner Festspiele sind Künstler aus Afrika, Asien, Südamerika und Europa, um gemeinsam eine „Momentaufnahme der Welt" zu gestalten. Ab 2013 übernimmt Matthias von Hartz die künstlerische Leitung des Festivals. Er ist ein erfahrener Theater-

Bei der spielzeit' europa", dem Vorgängerfestival von Foreign Affairs", hatte Sasha Waltz 2011 mit ihrer Choreografie Continu" ein Heimspiel im Haus der Berliner Festspiele

macher und studierter Wirtschaftswissenschaftler. Er plant Welterklärungsmodelle mit Künstlern wie dem Choreografen William Forsythe, dem britischen Aktivisten John Jordan und dem US-amerikanischen Schriftsteller Jonathan Safran Foer zu inszenieren.

Urbanes Lebensgefühl im Bigband-Sound: Das Jazzorchester BuJazzO spielt City Grooves“ mit der Berliner Komponistin Maria Baptist beim Jazzfest 2011

November

JazzFest Berlin

Tradition und Erneuerung für eine international bedeutende Berliner Institution der blauen Noten

Im traurigen Monat November verheißt das JazzFest Berlin ein bisschen Trost. Das 1964 gegründete Festival gehört zu den wichtigsten Veranstaltungen des zeitgenössischen Jazz. In den ersten beiden Jahrzehnten dominierten noch überwiegend US-amerikanische Stars das Festival, was für seinen Nimbus gar nicht so schlecht war. In den 80ern legte man dann den Schwerpunkt erfolgreich auf Jazz als Weltmusik. 2012 hat der Journalist und Kurator Bert Noglik die Festivalleitung von dem renommierte Jazz-Posaunisten Nils Landgren übernommen.

Berliner Festspiele GmbH
Schaperstraße 24
Wilmersdorf
F: 254 89-0,
254 89-100 (Karten)
U: Spichernstraße
E: je nach Veranstaltung
M: jazzfest@berliner festspiele.de, tickets@ berlinerfestspiele.de
I: www.jazzfest-berlin.de

REGISTER

Der Service zur Orientierung im Großstadtdschungel: von A wie Abguss-Sammlung Antiker Plastik bis Z wie Zille Museum. Berlin kompakt. Adressen, Kontakte und Seitenzahlen.

Zeichenerklärung:

F Fon
S S-Bahn
U U-Bahn
B Bus
T Tram
Ö Öffnungszeiten
E Eintrittspreise
M E-Mail
I Internet

401 contemporary S. 144
Potsdamer Strasse 81 B
Tiergarten
F: 47 37 78 3
U: Kurfürstenstraße
Ö: Di-Sa 11-18 Uhr
M: gallery@401contemporary.com
I: www.401contemporary.com

A

Abguss-Sammlung Antiker Plastik S. 125
Schlossstraße 69b, Charlottenburg
F: 342 40 54
B: 109/M45
Ö: Do-So 14-17 Uhr
E: frei
M: abguss@zedat.fu-berlin.de
I: www.abguss-sammlung-berlin.de

Admiralspalast S. 35
Friedrichstraße 101
Mitte
F: 47 99 74 99 (Karten)
S & U: Friedrichstraße
E: je nach Veranstaltung
M: mail@admiralspalast.de
I: www.admiralspalast.de

Aedes Land S. 142
Savignyplatz, S-Bahnbögen 600-601
Charlottenburg
F: 282 70 15
S: Savignyplatz
Ö: tgl. 10-20 Uhr
M: aedes@baunetz.de
I: www.aedes-arc.de

Aedes Pfefferberg S. 142
Christinenstraße 18-19
Prenzlauer Berg
F: 282 70 15
U: Senefelder Platz
Ö: Di-Fr 11-18.30, Sa/So 13-17 Uhr
M: aedes@baunetz.de
I: www.aedes-arc.de

Ägyptisches Museum S. 117
Im Neuen Museum
Bodestraße 1-3
10178 Berlin
F: 20 90-55 77 (Information Museumsinsel)
S & U: Friedrichstraße
B: 100, 348, 147
Ö: Mo-Mi/Fr-So 10-18, Do 10-22 Uhr
E: 8 €, erm. 4 €
M: besucherdienste@smb.spk-berlin.de
I: www.smb.museum

Akademie der Künste S. 154
Pariser Platz 4, Mitte
F: 200 57-0 (zentral), 200 57-10 00, 200 57-20 00
S: Unter den Linden
Ö: Di-So 11-20 Uhr
Hanseatenweg 10
Tiergarten
U: Hansaplatz
Ö: Di-So 11-20 Uhr
M: info@adk.de
I: www.adk.de

Akademie für Alte Musik S. 59
Lübecker Straße 22, Moabit
F: 32 30 44 40
E: je nach Konzert
M: info@akamus.de
I: www.akamus.de

Akira Ikeda Gallery S. 136
Christinenstraße 18-19
Prenzlauer Berg
F: 44 32 85 10
U: Senefelder Platz
Ö: Di-Sa 11-18 Uhr
M: berlin@akiraikedagallery.net
I: www.akiraikedagallery.com/berlin.htm

Alexander Ochs Galleries Berlin/Beijing S. 142
Besselstr. 14
Kreuzberg
F: 24 00 866 80
U: Kochstraße
Ö: Di-Fr 10-18, Sa 11-18 Uhr
M: info@alexanderochs-galleries.de
I: www.alexanderochs-galleries.com

Alliierten-Museum S. 123
Clayallee 135
Zehlendorf
F: 81 81 99-0
U: Oskar-Helene-Heim
B: 115/183, Alliiertenmuseum
Ö: Do-Di 10-18 Uhr
E: frei
M: info@alliiertenmuseum.de
I: www.alliiertenmuseum.de

Alte Nationalgalerie S. 94
Berliner Museumsinsel
Mitte
F: 20 90-58 01, 20 90-55 77
S & U: Friedrichstraße, Hackescher Markt
T: 12, M1, Am Kupfergraben, M2, M4, M5, M6, Hackescher Markt
B: 100/200, Lustgarten, TXL Staatsoper
Ö: Di/Mi/Fr-So 10-18, Do 10-22 Uhr
E: 8 €, erm. 4 €
M: ang@smb.spk-berlin.de, besucherdienste@smb.spk-berlin.de
I: www.smb.museum

Altes Museum – Antikensammlung S. 125
Berliner Museumsinsel, Am Lustgarten
Mitte
F: 20 90 52 01, 20 90-55 77
S & U: Friedrichstraße
S: Hackescher Markt
T: 12, M1, M2, M4, M5, M6
B: 100/147/200/TXL
E: 8 €, erm. 4 €
Ö: Di/Mi/Fr-So 10-18, Do 10-22 Uhr
M: ant@smb.spk-berlin.de, besucherdienste@smb.spk-berlin.de
I: www.smb.museum

Anne Frank Zentrum S. 162
Rosenthaler Straße 39
Mitte
F: 288 86 56-00
U: Weinmeisterstraße
S: Hackescher Markt
Ö: Di-So 10-18 Uhr
E: 4 €, erm. 2,50 €, Familienkarte 8 €
M: zentrum@annefrank.de
I: www.annefrank.de

Anti-Kriegs-Museum S. 123
Brüsseler Straße 21
Wedding
F: 45 49 01 10
U: Seestraße, Amrumer Straße
Ö: tgl. 16-20 Uhr
E: frei
M: anti-kriegs-museum@gmx.de
I: www.anti-kriegs-museum.de

Arena S. 166
Eichenstraße 4
Kreuzberg
U: Schlesisches Tor
B: 265, Eichenstraße
E: je nach Veranstaltung
M: info@arena-berlin.de
I: www.arena-berlin.de

Arena Club S. 62
Eichenstraße 4
Kreuzberg
U: Schlesisches Tor
B: 265, Eichenstraße
E: je nach Veranstaltung
M: arenaclub@arena-berlin.de
I: www.arena-club.de

Arsenal Filmhaus am Potsdamer Platz S. 86
Potsdamer Straße 2
Tiergarten
F: 269 55-100
S & U: Potsdamer Platz
E: 6,50 €, erm. 5 €, Mitglieder 4,50, Kinder 3 €
M: arsenal@arsenal-berlin.de
I: www.arsenal-berlin.de

Astor Filmlounge S. 87
Kurfürstendamm 225, Wilmersdorf, F: 883 85 51
U: Kurfürstendamm,
B: M19, M29, 109, 110, 219
E: 10-18 €, Kinder bis 14 J: 10 €
M: info@astor-filmlounge.de
I: www.astor-filmlounge.de

A-Trane S. 73
Bleibtreustraße 1/Ecke Pestalozzistraße
Charlottenburg
F: 313 25 50
S: Savignyplatz
E: je nach Veranstaltung
Ö: tgl. 21-2, Fr/Sa ab 21 Uhr
M: info@a-trane.de
I: www.a-trane.de

Automobil Forum Unter den Linden S. 138
Volkswagen Aktiengesellschaft
Unter den Linden 21
Mitte
F: 20 92 12 00
S & U: Friedrichstraße
Ö: tägl. 10-20 Uhr
M: info.automobilforum@volkswagen.de
I: www.automobilforum-berlin.de

B

B-Flat S. 74
Rosenthaler Straße 13
Mitte
F: 283 31 23 U Rosenthaler Platz
Ö: So-Do ab 20 Uhr, Fr, Sa ab 21 Uhr,
I: www.b-flat-berlin.de

Babylon Mitte S. 87
Rosa-Luxemburg-Straße 30
Mitte
F: 242 59 69
S: Alexanderplatz
U: Rosa-Luxemburg-Platz
E: Mo-So 7 €
M: tgrossman@kinoundkonzerte.de
I: www.babylonberlin.de

Badenscher Hof S. 73
Badensche Str. 29
Wilmersdorf
F: 861 00 80
U: Berliner Straße
Ö: Mo-Fr ab 16 Uhr, Sa ab 18 Uhr
M: info@badenscher-hof.de
I: www.badenscher-hof.de

Ballhaus Naunystraße S. 10
Naunynstr. 27
Kreuzberg
F: 754 537 25
U-Bhf. Kottbusser Tor, Bus M29
E: 14 €, erm. 8 €
I: www.ballhausnaunynstrasse.de

Ballhaus Ost S. 23
Pappelallee 15
Prenzlauer Berg
F: 47 99 74 74 (Karten)
S & U: Schönhauser Allee
E: 13 €, erm. 8 €
I: www.ballhausost.de

Bar jeder Vernunft S. 36
Schaperstraße 24
Wilmersdorf
F: 883 15 82 (Karten), 88 56 92-0
U: Spichernstraße
E: je nach Veranstaltung 22-27 €
M: reservierungen@bar-jeder-vernunft.de
I: www.bar-jeder-vernunft.de

Bauhaus-Archiv S. 95
Klingelhöferstraße 14
Tiergarten
F: 254 00 20
U: Nollendorfplatz
B: 100/187/343/M29
Ö: Mi-Mo 10-17 Uhr
E: 6-7 €, erm. 3-4 €
M: bauhaus@bauhaus.de
I: www.bauhaus-archiv.de

Berghain S. 63
Am Wriezener Bahnhof
Friedrichshain
S: Ostbahnhof
Ö: Fr/Sa ab 24 Uhr
E: 10 €
M: support@berghain.de
I: www.berghain.de

Berlinale
→ Internationale Filmfestspiele Berlin

Berlin Art Week S. 176
Veranstalter: Kulturprojekte Berlin GmbH
Klosterstr. 68
Mitte
F: 24 74 98 35
M: kontakt@berlinartweek.de
I: www.berlinartweek.de

Berliner Ensemble S. 8
Bertolt-Brecht-Platz 1
Mitte
F: 284 08-155 (Karten), 284 08-0
S & U: Friedrichstraße
E: 5-30 €, erm. 7 €
I: www.berlinerensemble.de

Berliner Ensemble / Kantine S. 84
Berthold-Brecht-Platz 1
Mitte
F: 28 40 81 17-236
Ö: Mo-Sa 9-0, So 16-0 Uhr
S & U: Friedrichstraße

Berliner Festspiele S. 155
Schaperstraße 24
Wilmersdorf
F: 254 89-0, 254 89-100 (Karten)
U: Spichernstraße
E: je nach Veranstaltung
M: info@berlinerfestspiele.de, ticketinfo@berlinerfestspiele.de
I: www.berlinerfestspiele.de

Berliner Kammer-Orchester S. 60
Danckelmannstraße 54a
Charlottenburg
F: 325 88 23
E: je nach Veranstaltung
I: www.bko.de

Berliner Philharmoniker S. 48
Herbert-von-Karajan-Straße 1
Tiergarten
F: 254 88-0, 254 88-999 (Karten)
S & U: Potsdamer Platz
B: M29/M41/M48/200
E: 15-138 €
M: kartenbuero@berliner-philharmoniker.de
I: www.berliner-philharmoniker.de

Berliner Staatskapelle S. 50
Staatsoper im Schiller Theater, Bismarckstraße 110 , Charlottenburg
F: 20 35 45 55 (Karten), 20 35 40
U: Ernst-Reuter-Platz
E: je nach Veranstaltung
M: tickets@staatsoper-berlin.de, besucherservice@staatsoper-berlin.de
I: www.staatsoper-berlin.de

Berliner U-Bahn-Museum S. 132
Stellwerk U-Bahnhof Olympiastadion
Charlottenburg
F: 36 41 87 38, 33 77 19 43
U: Olympiastadion
Ö: jeden 2. Sa im Monat 10.30-16 Uhr
E: 2 €, Kinder 1 €
M: info@ag-berliner-u-bahn.de
I: www.ag-berliner-u-bahn.de

Berlinische Galerie S. 128
Landesmuseum für Moderne Kunst, Fotografie und Architektur
Alte Jakobstraße 124-128
Kreuzberg
F: 78 90 26 00
U: Kochstraße, Hallesches Tor
Ö: Mi-Mo 10-18 Uhr
E: 7 €, erm. 4 €, unter 18 Jahren frei, 1. Mo im Monat 3 €
M: bg@berlinischegalerie.de
I: www.berlinischegalerie.de

Blechbläserensemble des Konzerthausorchesters S. 60
→ Konzerthaus Berlin

Bluemax Theater S. 46
Marlene-Dietrich-Platz 4
Tiergarten
F: 04131- 6972-555
S & U: Potsdamer Platz
U: Mendelssohn-Bartholdy-Park
F: 49,90-97 € (Familientickets 20 Prozent erm.)
I: www.stage-entertainment.de

Bode-Museum S. 97
Bodestraße 1-3
Monbijoubrücke/Am Kupfergraben (Eingang)
Mitte
F: 20 90-55 77 (Information Museumsinsel)
S & U: Friedrichstraße
B: 100, 348, 147
Ö: Mi/Fr-So 10-18, Do 10-22 Uhr
E: 8 €, erm. 4 €
M: besucherdienste@smb.spk-berlin.de
I: www.smb.museum

Borchardt CATERING S. 81
Französische Straße 47
Mitte
F: 20 38 71 10, 81 88 62 30
U: Französische Straße
Ö: tgl. 11.30-1 Uhr
M: catering@gastart.de
I: www.gastart.de

Botanischer Garten und Museum S. 128
Königin-Luise-Straße 6-8
Dahlem
F: 838 50-100 und 83 85 00 27 (Info)
B: 101/M48/X83
E: 6 €, erm. 3 €, Familienkarte 7-12 €, Museum 2,50 €, erm. 1,50 €
Ö: Nov.-Jan 9-16, Feb. 9-17, März/Okt. 9-18, Sept. 9-19, April/Aug. 9-20, Mai-Juli 9-21 Uhr, Museum: tgl. 10-18 Uhr
M: zebgbm@bgbm.org
I: www.bgbm.fu-berlin.de

Bröhan-Museum S. 127
Landesmuseum für Jugendstil, Art Déco und Funktionalismus (1889-1939)
Schloßstraße 1a
Charlottenburg
F: 32 69 06 00
U: Richard-Wagner-Platz, Sophie-Charlotte-Platz
B: 109/M45/309
Ö: Di-So 10-18 Uhr
E: 6 €, erm. 4 €, jeder erste Mi im Monat frei
M: info@broehan-museum.de
I: www.broehan-museum.de

Brotfabrik S. 167
Caligariplatz, Prenzlauer Promenade 3
Weißensee
F: 471 40 01
T: M2, M13 Prenzlauer Allee/Ostseestraße
Ö: Galerie tgl. 16-21 Uhr
E: je nach Veranstaltung
M: info@brotfabrik-berlin.de
I: www.brotfabrik-berlin.de

Brücke-Museum S. 128
Bussardsteig 9
Dahlem
F: 831 20 29
B: 115, Pücklerstraße
Ö: Mi-Mo 11-17 Uhr
E: 4-5 €, erm. 2-3 €
M: bruecke-museum@t-online.de
I: www.bruecke-museum.de

Buchhändlerkeller S. 152
Carmerstraße 1
Charlottenburg
S: Savignyplatz
B: M49
E: je nach Veranstaltung
M: info@buchhaendler-keller.de
I: www.buchhaendler-keller.de

Bulgarisches Kulturinstitut S. 160
Leipziger Straße 114-115
Mitte
F: 229 95 27
U: Mohrenstraße/Stadtmitte
B: 142, Leipziger Straße/Willhelmstraße
Ö: Mo-Fr 10-18 Uhr
E: je nach Veranstaltung
M: info@bulgarisches-kulturinstitut.de
I: www.bulgarisches-kulturinstitut.de

C

Café Brel S. 79
Savignyplatz 1
Charlottenburg
F: 31 80 00 20
S: Savignyplatz
Ö: Mo-So ab 9 Uhr
M: office@cafebrel.de
I: www.cafebrel.de

Café Einstein S. 82
Unter den Linden 42
Mitte
F: 204 36 32
S: Unter den Linden
Ö: Mo-So 7-22 Uhr
I: www.einsteinudl.com

Café Einstein Stammhaus S. 82
Kurfürstenstraße 58
Schöneberg
F: 261 50 96
U: Nollendorfplatz
Ö: tgl. 8-1 Uhr
M: contact@cafeeinstein.com
I: www.cafeeinstein.com

Camerata instrumentale Berlin S. 59
c/o Uwe Gaffrontke
Leipziger Straße 117
Mitte
F: 229 10 41
E: je nach Veranstaltung
M: ugaffrontke@web.de
I: www.camerata-instrumentale-berlin.de

Carlier/Gebauer S. 142
Markgrafenstraße 67
Kreuzberg
F: 24 00 86 30
U: Kochstraße
Ö: Di-Sa 11-18 Uhr
M: mail@carliergebauer.com
I: www.carliergebauer.com

Cartoonfabrik S.142
Krossenerstraße 23
Friedrichshain
F: 28 04 74 80
S & U: Warschauer Straße
Ö: Mi-So 14-19 Uhr
M: kontakt@cartoonkarten.de
I: www.cartoonkaufhaus.de

Chamäleon Theater GmbH S. 38

Hackesche Höfe
Rosenthaler Straße 40/41
Mitte
F: 40 00 59 32
S: Hackescher Markt
U: Weinmeisterstraße
T: M1, M2, M4, M5, M6
E: 36-49 €, erm. 28-35 €
M: info@chamaeleonberlin.com
I: www.chamaeleonberlin.com

Chaussee der Enthusiasten im RAW-Tempel S. 152
Revaler Straße 99
Friedrichshain
F: 292 46 95
S & U: Warschauer Straße
Ö: jeden Do 21 Uhr
M: chaussee@enthuisiasten.de
I: www.enthusiasten.de, www.raw-tempel.de

Christopher Street Day S. 173
CSD Berlin e. V.
Kleiststraße 35
Schöneberg
F: 23 62 86 32
M: info@csd-berlin.de
I: www.csd-berlin.de

Cinema Paris S. 88
Kurfürstendamm 211 / im Maison de France
Charlottenburg
F: 881 31 19
U: Uhlandstraße
B: 109/110/M19/M29/219
E: Mo 5,50 €, Di/Mi 7,00 €, erm. 6,00 €, Do-So 9,00 €, erm. 8,00 €
I: www.cinema-paris.de

C/O Berlin S. 136
Oranienburger Straße / Tucholskystraße
Mitte
F: 28 44 41 6615
S: Oranienburger Straße
U: Oranienburger Tor
Ö: tgl. 11-20 Uhr
E: 10 €, erm. 5 €
M: info@co-berlin.com
I: www.co-berlin.com

Collegium Hungaricum Berlin CHB S. 159
Dorotheenstraße 12
Mitte
F: 21 23 40-0
S & U: Friedrichstraße
Ö: Ausstellungen Mo-Fr 10-19 Uhr, Sa+So 14-19 Uhr
E: frei
M: collegium@hungaricum.de
I: www.hungaricum.de

Cookies S. 64
Friedrichstraße 158-164
Mitte
F: 27 49 29 40 (Reservierungen), 280 88 06
S & U: Friedrichstraße
E: je nach Veranstaltung
Ö: Di/Do 22-6 Uhr
M: cookie@cookies.ch
I: www.cookies-berlin.de

Contemporary Fine Arts S. 136
Am Kupfergraben 10
Mitte
F: 288 78 70
S: Friedrichstraße, Hackescher Markt
U: Französische Straße, Hausvogteiplatz
B: 100/200/TXL
Ö: Di-Fr 11-18, Sa 11-16 Uhr
M: gallery@cfa-berlin.de
I: www.cfa-berlin.com

Currywurst Museum Berlin S. 132
Schützenstraße 70
Mitte
F: 887 186 47
U: Stadtmitte
Ö: tgl. 10-22 Uhr
E: 11 €, erm. 7-8,50 €
M: info@currywurstmuseum.com
I: www.currywurstmuseum.com

D

DAAD Deutscher Akademischer Austauschdienst S. 156
Büro Berlin
Markgrafenstraße 37
Mitte
F: 20 22 08-30
U: Stadtmitte
M: info.berlin@daad.de
I: www.daad-berlin.de

DAAD Galerie S. 143
Zimmerstraße 90/91
Mitte
F: 261 36 40
U: Kochstraße
Ö: Mo-Sa 11-18 Uhr
E: frei
M: bkp.berlin@daad.de, info.berlin@daad.de
I: www.daad-berlin.de

Dalí Berlin S. 121
Leipziger Platz 7
Mitte
F: 206 735 86 - 0
U/S: Potsdamer Platz
E: 11, ermäßigt 9 Euro
Ö: Mo-Sa 12-20, So und Feiertage 10-20 Uhr
M: info@daliberlin.de
I: www.daliberlin.de

DAM Berlin S. 140
Neue-Jakob-Straße 6-7
Mitte
F: 28 09 81 35
S: Oranienburger Straße
U: Märkisches Museum
Ö: Di-Fr 12-18, Sa 12-16 Uhr
M: berlin@dam.org
I: www.dam-berlin.de, www.dam.org/berlin

DDR Museum S. 123
Karl-Liebknecht-Straße 1
Mitte
F: 847 12 37 31
S & U: Alexanderplatz, Hackescher Markt
B: 100,200, Lustgarten
T: M5, M6, Spandauer Straße
Ö: So-Fr 10-20, Sa 10-22 Uhr
E: 6 €, erm. 4 €
M: post@ddr-museum.de
I: www.ddr-museum.de

Delphi S. 89
Kantstraße 12a
Charlottenburg
F: 312 10 26
S & U: Zoologischer Garten
E: Mo 5,50 €, Di/Mi 7 €, Do-So 9 €
M: info@delphi-filmpalast.de
I: www.delphi-filmpalast.de

Deutsche Guggenheim Berlin S. 98
Unter den Linden 13-15
Mitte
F: 20 20 93-0
S & U: Friedrichstraße
S: Unter den Linden
U: Stadtmitte, Französische Straße
B: 100/200
Ö: tgl. 10-20, Do 10-22 Uhr (nur noch bis Dezember 2012 geöffnet)
E: 4 €, erm. 3 €, Mo frei
M: berlin.guggenheim@db.com
I: www.deutsche-guggenheim-berlin.de

Deutsche Kinemathek / Museum für Film und Fernsehen S. 102
Potsdamer Straße 2
Tiergarten
F: 30 09 03-0
S & U: Potsdamer Platz
Ö: Di-So 10-18, Do 10-20 Uhr
E: 6 €, erm. 4,50, Schüler 2 €, Familienkarte 12 €
M: info@deutsche-kinemathek.de
I: www.deutsche-kinemathek.de

Deutsche Oper Berlin S. 28
Bismarckstraße 35
Charlottenburg
F: 343 84 01, 34 38 43 43 (Karten)
U: Deutsche Oper, Bismarckstraße
E: 16-122 €, div. Erm.
M: info@deutscheoper-berlin.de
I: www.deutscheoper-berlin.de

Deutsches Historisches Museum S. 98
Unter den Linden 2
Mitte
Ausstellungshalle von I. M. Pei
Hinter dem Gießhaus 3
Mitte
F: 203 04-0, 203 04-444 (Info)
S: Friedrichstraße, Hackescher Markt
U: Französische Straße, Hausvogteiplatz
B: 100/200/TXL
Ö: tgl. 10-18 Uhr
E: 5 €, unter 18 Jahren frei
I: www.dhm.de

Deutsches Kammerorchester Berlin S. 59
Oranienstraße 52
Kreuzberg
F: 32 60 86 12 (Karten)
E: 13-27 €, erm 7 €
M: tickets@dko-berlin.de
I: www.dko-berlin.de

Deutsches Symphonie-Orchester Berlin S. 52
Besucherservice:
Charlottenstraße 56
Mitte
F: 20 29 87 11
U: Stadtmitte
E: 9-58 €
M: tickets@dso-berlin.de
I: www.dso-berlin.de

Deutsches Technikmuseum S. 132
Trebbiner Straße 9
Kreuzberg
F: 902 54-0
U: Gleisdreieck/Möckernbrücke
Ö: Di-Fr 9-17.30 Uhr, Sa/So 10-18 Uhr
E: 6 €, erm. 3,50 €
M: info@sdtb.de
I: www.sdtb.de

Deutsches Theater und Kammerspiele S. 8
Schumannstraße 13a
Mitte
F: 284 41-221, 284 41-225 (Theaterkasse)
S & U: Friedrichstraße
E: 4-48 €, erm. 9 €
I: deutschestheater.de

Deutsch-Russisches Museum S. 123
Zwieseler Straße 4/Ecke Rheinstraße
Karlshorst
F: 50 15 08 10
S: Karlshorst
E: frei
Ö: Di-So 10-18 Uhr (bis Dez. 2012 eingeschränkte Öffnungszeiten: Sa/So 11, 13 und 15 Uhr im Rahmen einer kostenlosen öffentlichen Führung)
M: kontakt@museum-karlshorst.de
I: www.museum-karlshorst.de

DIEHL S. 143
Niebuhrstrasse 2
Charlottenburg
F: 22 48 79 22
S: Savignyplatz
U: Uhlandstraße
Ö: Di-Fr 11-18, Sa 11-14 Uhr
M: info@galerievolkerdiehl.com
I: galerievolkerdiehl.com

Die Schaubude S. 28
Greifswalder Straße 81-84
Prenzlauer Berg
F: 423 43 14

S: Greifswalder Straße
E: 9,50-12,50 €, erm. 6-8 €, Kindervorstellungen: Kind 4 €, Erw. 6, erm. 5 €
M: ticket@schaubude-berlin.de
I: www.schaubude-berlin.de

Die Stachelschweine S. 45
im Europa-Center
Charlottenburg
F: 261 47 95
S & U: Zoologischer Garten
E: 17-30 €
M: info@diestachelschweine.de
I: www.diestachelschweine.de

DIENER Tattersaal S. 76
Grolmanstraße 47
Charlottenburg
F: 881 53 29
S: Savignyplatz
Ö: tgl. ab 18 Uhr
M: barbarakraehkamp@web.de
I: www.diener-tattersall.de

Distel S. 54
Friedrichstraße 101
Mitte
F: 204 47 04
S & U: Friedrichstraße
B: 147
T: 12/M1
E: So-Do 13-27 €, Fr/Sa 15-29 €
M: distel@distel-berlin.de
I: www.distel-berlin.de

Dock 11 S. 24
Kastanienallee 79
Prenzlauer Berg
F: 448 12 22
U: Eberswalder Straße, Rosenthaler Platz
E: je nach Veranstaltung
M: dock11@dock11-berlin.de
I: www.dock11-berlin.de

Dokumentationszentrum Berliner Mauer S. 123
Bernauer Str. 111
Wedding
F: 467 9866-66
S: Nordbahnhof
U: Bernauer Straße
Ö: 9.30-18 Uhr
M: info@berliner-mauer-gedenkstaette.de
I: www.berliner-mauer-gedenkstaette.de

Duke im Ellington S. 74
Nürnberger Straße 50-55
F: 68 31 54 00 0
M: duke@ellington-hotel.de
I: www.duke-restaurant.de

Dussmann das Kultur-Kaufhaus S. 152
Friedrichstraße 90
Mitte
F: 20 25 11 11
S & U: Friedrichstraße
B: 100/147
Ö: Mo-Sa 10-24 Uhr
M: kulturkaufhaus@dussmann.de
I: www.kulturkaufhaus.de

E

Eigen + Art Lab S. 134
Auguststraße 11- 13
Mitte
F.: 24 62 840
U: Weinmeisterstraße
Ö: Di-Sa 11-18 Uhr
M: lab@eigen-art.com
I: www.eigen-art.com/lab

Eiszeit S. 89
Zeughofstraße 20
Kreuzberg
F: 611 60 16
U: Görlitzer Bahnhof
B: M29
E: Di-So 7 €, erm. 6 €, Mo 5 €
M: beermann@eiszeit-kino.de
I: www.eiszeit-kino.de

English Theatre Berlin (ETB) S. 24
Fidicinstraße 40
Kreuzberg
F: 693 56 92, 691 12 11 (Kasse)
U: Platz der Luftbrücke
B: M19, Mehringdamm, 104, Platz der Luftbrücke
E: je nach Veranstaltung
I: www.etberlin.de

ensemble mosaik S. 59
Lehrter Straße 57
Tiergarten
F: 39 03 08 30
E: je nach Veranstaltung
M: info@ensemble-mosaik.de
I: www.ensemble-mosaik.de

Ensemble Oriol S. 58
Kammerakademie Potsdam, Wilhelm-Staab-Str. 11, 14467 Potsdam
F: 0331/23 70 527
E: 8-48 €
M: info@kammerakademie-potsdam.de
I: www.ensemble-oriol.de, www.kammerakademie-potsdam.de

Ensemble United Berlin S. 58
c/o Andreas Bräutigam
Schröderstraße 10
Mitte
F: 281 19 79
E: je nach Konzert
I: www.unitedberlin.de

Erotik-Museum S. 131
Joachimstaler Straße 4
Charlottenburg
F: 886 06 66
S & U: Zoologischer Garten
B: 100/109/M49/M19
Ö: Mo-Sa 9-24, So 11-24 Uhr
E: (ab 18 Jahren) 9 €
I: www.erotikmuseum.de

Ethnologisches Museum S. 102
Lansstraße 8 (Besuchereingang)
Dahlem
F: 83 01-438
U: Dahlem-Dorf
B: 101/110/X11/X83
E: 6 €, erm. 3 €
Ö: Di-Fr 10-18, Sa/So 11-18 Uhr
M: service@smsb.museum
I: www.smb.spk-berlin.de

F

Fashion Week S. 170
Straße des 17. Juni an der Siegessäule, Ehem. Flughafen Tempelhof, Platz der Luftbrücke 5, Tempelhof und verschiedene Offsite Locations
F: 39 98 0-0
I: www.fashion-week-berlin.com

Fette Ecke S. 72
Schlesische Straße 16
Kreuzberg
F: 44 65 16 99 U
Schlesisches Tor
I: www.pyonen.de

Finsterbusch-Trio
→ Konzerthaus Berlin

Foreign Affairs S. 176
Berliner Festspiele GmbH
Schaperstraße 24
Wilmersdorf
F: 254 89-0, 254 89-100 (Karten)
U: Spichernstraße
E: je nach Veranstaltung
M: tickets@berlinerfestspiele.de
I: www.berlinerfestspiele.de

Friedrichstadtpalast S. 38
Friedrichstraße 107
Mitte
F: 23 26 23 26
S & U: Friedrichstraße
E: je nach Veranstaltung 16,90- 104,90 €
M: tickets@friedrichstadtpalast.de
I: www.friedrichstadtpalast.de

Friedrichswerdersche Kirche S. 125
Werderscher Markt (Besuchereingang)
Mitte
F: 208-13 23, 20 90-55 77
U: Hausvogteiplatz, Französische Straße
B: 100/M48/200
Ö: tgl. 10-18 Uhr
E: frei
M: besucherdienste@smb.spk-berlin.de
I: www.smb.museum

Frühschoppen S. 152
in der Kunstfabrik Schlot
Edisonhöfe
Chausseestraße 18
Mitte
S: Nordbahnhof
U: Naturkundemuseum
E: frei
Ö: So ab 13 Uhr
M: info@derfruehschoppen.de
I: www.derfruehschoppen.de

G

Galerie Barthel + Tetzner S. 139
Fasanenstraße 15
Charlottenburg
F: 886 833 06
U: Uhlandstraße
Ö: Di-Fr 14-19, Sa 11-15 Uhr
M: galerie@barthel-tetzner.de
I: www.barthel-tetzner.de

Galerie Bremer S. 138
Wielandstraße 29
Charlottenburg
F: 881 49 08
U: Uhlandstraße
Ö: Di-Fr 16-20 Uhr bzw. Mo-Sa ab 20 Uhr (Cocktailbar)
I: www.galerie-bremer.de

Galerie Brockstedt S. 138
Mommsenstraße 59
Charlottenburg
F: 885 05 00
S: Savignyplatz
B: 101
Ö: Di-Fr 12-18, Sa 10-14 Uhr
M: brockstedt@snafu.de
I: www.brockstedt.com

Galerie Daniel Buchholz S. 138
Fasanenstraße 30
Charlottenburg
F: 88 62 40 56
U: Uhlandstraße
Ö: Di-Sa 11-18 Uhr
M: post@galeriebuchholz.de
I: www.galeriebuchholz.de

Galerie Crone S. 142
Rudi-Dutschke-Straße 26
Kreuzberg
F: 25 92 44 90
U: Kochstraße
Ö: Di-Sa 11-18 Uhr
M: info@cronegalerie.de
I: www.cronegalerie.de

Galerie Anselm Dreher S. 139
Pfalzburger Straße 80
Wilmersdorf
F: 883 52 49
U: Uhlandstraße/Spichernstraße
Ö: Di-Fr 14-18 Uhr

M: M: anselm.dreher@web.de
I: www.galerie-anselm-dreher.com

Galerie EIGEN+ART S. 134
Auguststraße 26
Mitte
F: 280 66 05
S: Oranienburger Straße
U: Weinmeisterstraße
Ö: Di-Sa 11-18 Uhr
M: berlin@eigen-art.com
I: www.eigen-art.com

Galerie Fahnemann S. 139
Fasanenstraße 61
Mitte
F: 883 98 97
S: Hackescher Markt
U: Spichernstraße
Ö: Di-Fr 13-18,
Sa 12-16 Uhr
M: info@galerie-fahnemann.de
I: www.galerie-fahnemann.de

Galerie Michael Haas S. 139
Niebuhrstraße 5
Charlottenburg
F: 88 92 91 90
S: Savignyplatz
Ö: Mo-Fr 9-18 ,
Sa 11-14 Uhr
M: contact@galerie michaelhaas.de
I: www.galerie michaelhaas.de

Galerie Max Hetzler S. 142
OsramHöfe
Oudenarder Straße 16-20
Wedding
F: 30 22 92 437,
459 77 42 0
U: Nauener Platz
Ö: Di-Sa 11-18 Uhr
M: info@maxhetzler.com
I: www.maxhetzler.com

Galerie Christian Nagel S. 136
Weydingerstraße 2/4
Mitte
F: 40 04 26 41
U: Rosa-Luxemburg-Platz
Ö: Mo-Fr 11-19,
Sa 11-18 Uhr
M: cn.berlin@galerie-nagel.de
I: www.galerie-nagel.de

Galerie Neu S. 138
Philippstraße 13
Mitte
F: 285 75 50
U: Oranienburger Tor
Ö: Di-Sa 11-18 Uhr
M: mail@galerieneu.com
I: www.galerieneu.com

Galerie Nierendorf S. 139
Hardenbergstraße 19
Charlottenburg
F: 832 50 13
S & U: Zoologischer Garten
Ö: Di-Fr 11-18 Uhr
M: galerie@nierendorf.com
I: www.galerie-nierendorf.de

Galerie Nordenhake S. 143
Lindenstraße 34
Kreuzberg
F: 206 14 83
U: Kochstraße
Ö: Di-Sa 11-18 Uhr
M: berlin@nordenhake.com
I: www.nordenhake.com

galerie georg nothelfer S. 139
Corneliusstraße 3
Tiergarten
F: 25 75 98 06
B: 200, Cornelius-brücke
Ö: Di-Fr 11-18.30,
Sa 10-14 Uhr
M: nothelfer@galerie-nothelfer.de
I: www.galerie-nothelfer.de

Galerie Eva Poll S. 139
Garnisonkirchplatz/Anna-Louisa-Karsch-Straße 9
Mitte
F: 261 70 91
S: Hackescher Markt
Ö: Di-Fr 11-18,
Sa 11-16 Uhr, Mo nach Vereinbarung
M: galerie@poll-berlin.de
I: www.poll-berlin.de

Galerie Thomas Schulte S. 136
Charlottenstraße 24
Mitte
F: 20 60 89 90
U: Stadtmitte
Ö: Di-Sa 12-18 Uhr
M: mail@galerie thomasschulte.de
I: www.galerie thomasschulte.de

Galerie Springer & Winckler S. 139
Fasanenstraße 13
Charlottenburg
F: 315 72 20
U: Uhlandstraße
Ö: Di-Fr 10-14, 15-18,
Sa 12-15 Uhr
I: www.springer-winckler.de

Galerie STOLZ S. 139
Goethestraße 81 III
Charlottenburg
F: 313 78 99
S: Savignyplatz
U: Ernst-Reuter-Platz
Ö: nach Vereinbarung
M: stolzberlin@nexgo.de

Galerie Tammen & Partner S. 139
Hedemannstr. 14
Kreuzberg
F: 22 50 27 910
U: Kochstraße
Ö: Di-Sa 12-18 Uhr
M: info@galerie-tammen-partner.de
I: www.galerie-tammen-partner.de

Galerie Barbara Thumm S. 144
Markgrafenstraße 68
Kreuzberg
F: 25 94 29 84, 28 39 03 47
U: Kochstraße
Ö: Di-Sa 11-18 Uhr
M: info@bthumm.de
I: www.bthumm.de

Galerie Barbara Weiss S. 143
Kohlfurter Straße 41/43
Kreuzberg
F: 262 42 84
U: Kottbusser Tor
Ö: Di-Sa 11-18 Uhr
M: mail@galerie barbaraweiss.de
I: www.galerie barbaraweiss.de

Gaststätte W. Prassnik S. 82
Torstraße 65
Mitte
F: 41 71 51 20
U: Rosa-Luxemburg-Platz, Rosenthaler Platz
Ö: tgl. 19-3 Uhr

Gemälde-galerie S. 104
Kulturforum Potsdamer Platz / Eingang Matthäikirchplatz 4-6
Tiergarten
F: 266 29 51
S & U: Potsdamer Platz
B: M48/200/M29/M41
E: 8 €, erm. 4 €
Ö: Di/Mi, Fr-So 10-18,
Do 10-22 Uhr
M: gg@smb.spk-berlin.de
I: www.smb.museum

Gregor Podnar Berlin S. 144
Lindenstraße 35
Kreuzberg
F: 259 346 51
U: Kochstraße
Ö: Di-Sa 11-18 Uhr
M: berlin@gregor podnar.com
I: www.gregorpodnar.com

Griechische Kulturstiftung S. 161
Wittenbergplatz 3a,
Schöneberg
F: 21 43 -386/-287
Ö: Mo-Fr 10-13 +
14-16 Uhr
U-Bhf Wittenbergplatz,
Bus M19, M29, M46
M: info@griechische-kultur.de
I: www.griechische-kultur.de

Grill Royal S. 83
Friedrichstraße 105b
Mitte
F: 28 87 92 88
Ö: tgl. ab 18 Uhr
S & U: Friedrichstraße
M: office@grillroyal.com
I: www.grillroyal.com

Grips Theater S. 26
Altonaer Straße 22
Tiergarten
F: 397 47 40,
39 74 74 77 (Karten)
U: Hansaplatz
E: je nach Veranstaltung
M: info@grips-theater.de
I: www.grips-theater.de

Grober Unfug S. 142
Torstraße 75
Mitte
F: 28 17 331
U: Rosa-Luxemburg-Platz
Ö: Mo-Fr 11-19,
Sa 11-18 Uhr
Weinmeisterstraße 9
Mitte
F: 281 73 31
U: Wienmeisterstraße
Ö: Mo-Mi 11-19, Do/Fr 11-20, Sa 11-18 Uhr
M: info@groberunfug.de
I: www.groberunfug.de

H

Hamburger Bahnhof – Museum für Gegenwart S. 105
Invalidenstraße 50-51
Tiergarten
F: 39 78-34 11
S: Hauptbahnhof
U: Zinnowitzer Straße
E: 12 €, erm. 6 €,
Sonderausstellung 8 €,
erm. 4 €
Ö: Di-Fr 10-18, Sa 11-20, So 11-18 Uhr
M: hbf@smb.spk-berlin.de
I: www.hamburger bahnhof.de

Hanfmuseum S. 130
Mühlendamm 5
Mitte
F: 242 48 27
S: Alexanderplatz
U: Klosterstraße,
Alexanderplatz
E: 4,50, erm. 3 €, Kinder bis 10 Jahre frei
Ö: Di-Fr 10-20,
Sa/So 12-20 Uhr
M: info@hanfmuseum.de
I: www.hanfmuseum.de

Haus am Checkpoint Charlie S. 123
Friedrichstraße 43-35
Kreuzberg
F: 25 37 25-0
U: Kochstraße
B: M29
E: 12,50 €, erm. 5,50-9,50 €
Ö: tgl. 9-22 Uhr
M: info@mauer museum.de
I: www.mauer museum.de

Haus am Lützowplatz S. 162
Lützowplatz 9
Tiergarten
F: 261 38 05
U: Nollendorfplatz
B: 100/M29/187/341
E: frei
Ö: Di-So 11-18 Uhr
M: office@hausam luetzowplatz-berlin.de
I: www.hausam luetzowplatz-berlin.de

Haus der Kulturen der Welt S. 157
John-Foster-Dulles-Allee 10
Tiergarten

F: 397 87-0, 39 78 71 75 (Karten)
B: 100
E: je nach Veranstaltung
Ö: Mo-So 10-19 Uhr und zu den Veranstaltungen

Haus Ungarn
→ Collegium Hungaricum

Hebbel am Ufer S. 18
HAU 1, Stresemannstraße 29, Kreuzberg
HAU 2, Hallesches Ufer 32 Kreuzberg
HAU 3, Tempelhofer Ufer 10, 2. HH, Kreuzberg
F: 25 90 04-0, 25 90 04-27(Kasse)
S: Anhalter Bahnhof
U: Möckernbrücke/ Hallesches Tor
E: je nach Veranstaltung 11-18 €, erm. 7 €
M: info@hebbel-am-ufer.de
I: www.hebbel-am-ufer.de

Humboldt-Box S. 107
Schlossplatz 5, Mitte
F: 01805 030 707
Bus 100, 200, TXL
Ö: Mo-So 10-20 Uhr
E: 4 €, erm. 2,50 €, Kinder bis 12 Jahre frei
M: info@humboldt-box.com
I: www.humboldt-box.com

I

Ikonengalerie Graßmann S. 140
Kaiser-Friedrich Straße 15
Charlottenburg
F: 21 75 45 55
U: Richard-Wagner-Platz
B: 109
Ö: Mo-Fr 11-18, Sa 10-14 Uhr
M: claudia@ikonen-grassmann.de
I: www.ikonen-grassmann.de

Ikonengalerie Mönius S. 140
Kurfürstendamm 60 (Eingang Leibnizstraße)
Charlottenburg
F: 215 48 51
B: 101/109/110/ M19/M29/219
E: Mo-Fr 11-13, 15-18, Sa 11-13 Uhr

Instituto Cervantes Berlin S. 160
Rosenstraße 18-19
10178 Berlin
S & T: Hackescher Markt
F: 25 76 18-0
Ö: Mo-Do 12-19, Fr 10-15 Uhr
I: berlin@cervantes.de
I: www.cervantes.de
Internationale Filmfestspiele Berlin
S. 160
Potsdamer Straße 5
Tiergarten
F: 259 20 259
S & U: Potsdamer Platz
M: info@berlinale.de
I: www.berlinale.de

Internationale Filmfestspiele Berlin S. 170
Potsdamer Straße 5
Tiergarten
F: 259 20-0
S & U: Potsdamer Platz
E: 7-8 €, Berlinale-Palast 11 €, Generation: 3 €
M: info@berlinale.de
I: www.berlinale.de

Internationales Design Zentrum S. 162
Flughafen Tempelhof, Bauteil D2, Columbiadamm 10, Tempelhof
F: 28 09 51 11
U: Platz der Luftbrücke
Ö: Mo-Fr 10-18 Uhr
E: je nach Veranstaltung
M: idz@idz.de
I: www.idz.de

internationales literaturfestival berlin S. 174
Chausseestraße 5
Mitte
F: 27 87 86-20, 254 89-100 (Karten)
U: Oranienburger Tor
Ö: je nach Veranstaltung
E: 5-12 €, Tageskarte 16 €, erm 13 €
M: info@literaturfestival.com, tickets@berlinerfestspiele.de
I: www.literaturfestival.com, www.berlinerfestspiele.de

Italienisches Kulturinstitut S. 160
Hildenbrandstr. 2
Tiergarten
F: 2699 41 - 0
B: 200, Hildebrandstraße; M29, Hiroshimasteg
Ö: Mo-Do 10-16 Uhr, Fr 10-14 Uhr
I: www.iicberlino.esteri.it/IIC_Berlino

J

Japanisch-Deutsches Zentrum S. 160
Saargemünder Str. 2
Dahlem
F: 839 07 0
U: Oskar-Helene-Heim
M: jdzb@jdzb.de
I: www.jdzb.de

JazzFest Berlin S. 178
Berliner Festspiele GmbH
Schaperstraße 24
Wilmersdorf
F: 254 89-0, 254 89-100 (Karten)
U: Spichernstraße
E: je nach Veranstaltung
M: jazzfest@berlinerfestspiele.de, tickets@berlinerfestspiele.de
I: www.jazzfest-berlin.de

Jiri Svestka Berlin S. 144
Potsdamer Strasse 81c
Tiergarten
F: 34 72 76 42
U: Kurfürstenstraße
Ö: Di-Sa 11-18 Uhr
M: gallery@jirisvestka.com
I: www.jirisvestka.com

Johann König S. 144
Dessauer Straße 6-7
Kreuzberg
F: 26 10 30 80
S & U: Potsdamer Platz
B: M29, M41
Ö: Di-Sa 11-18 Uhr
M: info@johannkoenig.de
I: www.johannkoenig.de

Jüdisches Museum S. 108
Lindenstraße 9-14
Kreuzberg
F: 25 99 33 00
U: Hallesches Tor, Kochstraße
B: M29/M41/265
E: 5 €, erm. 2,50 €
Ö: Mo 10-22, Di-So 10-20 Uhr
M: info@jmberlin.de, fuehrungen@jmberlin.de
I: www.juedisches-museum-berlin.de

K

Kaffee Burger S. 82
Torstraße 60
Mitte
F: 28 04 64 95
U: Rosa-Luxemburg-Platz
E: je nach Veranstaltung
Ö: Mo-Sa ab 22, So ab 19 Uhr
M: tanzwirtschaft@kaffeeburger.de
I: www.kaffeeburger.de

Kammerakademie Potsdam S. 58
Wilhelm-Staab-Str. 11, Potsdam
F: 0331-237 05 27
M: info@kammerakademie-potsdam.de
I: www.kammerakademie-potsdam.de

Kammerorchester Berlin S. 60
Kurfürstendamm 157
Charlottenburg
F: 34 90 20 32, 34 90 25 20 (Karten)
E: je nach Veranstaltung
M: kontakt@kammerorchesterberlin.de
I: www.koberlin.de

Kammerorchester Carl Philipp Emanuel Bach S. 60
Postfach 080546
10005 Berlin
F: 605 19 30, 26 49 07 97 (Karten)
E: je nach Veranstaltung
M: info@cpebach-berlin.de
I: www.cpebach-berlin.de

Kant-Kinos S. 89
Kantstraße 54
Charlottenburg
F: 319 98 66
S: Charlottenburg
U: Wilmersdorfer Straße
B: 101/M49
E: Mo 5,50 €, Di-Mi 7 €, erm. 6€, Do - So 8 €, erm. 7€
M: kant@hackesche-hoefe.org
I: www.kantkino.com

Karneval der Kulturen S. 172
Veranstalter: Werkstatt der Kulturen
Wissmannstraße 32
Neukölln
F: 60 97 70-22
M: info@karneval-berlin.de
I: www.karneval-berlin.de

Käthe-Kollwitz-Museum S. 128
Fasanenstraße 24
Charlottenburg
F: 882 52 10
U: Kurfürstendamm, Uhlandstraße
B: 109/M19/M29/219
E: 6 €, erm. 3 €
Ö: tgl. 11-18 Uhr
M: info@kaethe-kollwitz.de
I: www.kaethe-kollwitz.de

Kater Holzig S. 63
Michaelkirchstraße 23
Mitte
F: 51 05 21 34
S: Jannowitzbrücke U: Heinrich-Heine-Straße
M: kontakt@katerholzig.de
I: www.katerholzig.de

Kicken Berlin S. 136
Linienstraße 155
Mitte
F: 28 87 78 82
S: Oranienburger Straße
U: Rosenthaler Platz
E: Mi-Sa 14-18 Uhr
M: kicken@kicken-gallery.com
I: www.kicken-gallery.com

King Size Bar S. 72
Friedrichstr. 112b
Mitte
U: Oranienburger Tor
Ö: Mi bis Sa 21-7 Uhr
E: info@kingsizebar.de
I www.kingsizebar.de

Kleines Theater S. 16
Südwestkorso 64
Friedenau
F: 821 20 21
S & U: Bundesplatz
U: Friedrich-Wilhelm-Platz/Rüdesheimer Platz
E: 15-20 € €
M: info@kleines-theater.de
I: www.kleines-theater.de

Klemm's S. 183
Brunnenstraße 7
Mitte
F: 40 50 49 53
U: Rosenthaler Platz
Ö: Di-Sa 11-18 Uhr
M: info@klemms-berlin.com
I: www.klemms-berlin.com

Komische Oper S. 30
Behrenstraße 55-57
Mitte
F: 20 26 00,
47 99 74 00 (Callcenter)
S: Friedrichstraße, Unter den Linden
U: Französische Straße
B: 100/200/348/TXL
E: 9-150 €
M: info@komische-oper-berlin.de
I: www.komische-oper-berlin.de

Konrad Fischer Galerie S. 144
Lindenstraße 35
Kreuzberg
F: 50 59 68 20
U: Kochstraße
Ö: Di-Sa 11-18 Uhr
M: berlin-office@konradfischergalerie.de
I: www.konradfischergalerie.de

Konzerthaus Berlin/ Konzerthausorchester S. 55
Gendarmenmarkt 2
Mitte
F: 203 09 21 01
S: Friedrichstraße/ Unter den Linden
U: Französische Straße/Stadtmitte/ Hausvogteiplatz
B: 100/147/ M48/200/TXL
E: je nach Konzert
M: ticket@konzerthaus.de
I: www.konzerthaus.de

Kulturbrauerei S. 164
Schönhauser Allee 36
Prenzlauer Berg
F: 44 31 51-51/52
U: Eberswalder Straße
E: je nach Veranstaltung
M: info@kulturbrauerei.de
I: www.kulturbrauerei.de

Kunstgewerbemuseum S. 127
Besuchereingang Schloss Köpenick
Schloßinsel 1
F: 65 66 17 49
S: Spindlersfeld
U & B: Schlossplatz Köpenick
Ö: Di-Fr 10-18, Sa/So 11-18 Uhr
M: kgm@smb.spk-berlin.de
I: www.smb.museum

Kunsthandel Wolfgang Werner KG S. 138
Fasanenstraße 72
Charlottenburg
F: 882 76 16
U: Uhlandstraße
Ö: Di-Fr 10-18 , Sa 11-15 Uhr
M: berlin@kunsthandel-werner.de
I: www.kunsthandel-werner.de

Künstlerhaus Bethanien S. 162
Kottbusser Straße 10, Kreuzberg
F: 616 90 30
U: Kottbusser Tor
Ö: Di-So 14-19 Uhr
E: frei
M: info@bethanien.de
I: www.bethanien.de

Kunstraum im Bundestag S. 161
Marie-Elisabeth-Lüders-Haus
Schiffbauerdamm
Tiergarten
F: 227- 32027
S: Unter den Linden
M: kunst-raum@bundestag.de
I: www.kunst-im-bundestag.de

Kunstraum Kreuzberg S. 162
Mariannenplatz 2
Kreuzberg
F: 90 29 81 455
U: Kottbusser Tor
Ö: tägl. 12-19 Uhr
M: bethanien@kunstraumkreuzberg.de
I: www.kunstraumkreuzberg.de

Kupferstichkabinett S. 127
Kulturforum Potsdamer Platz
Eingang Matthäikirchplatz 8
Tiergarten
F: 266 20 02, 266-29 51
S & U: Potsdamer Platz
B: M48/200/M29/ M41
E: 8 €, erm. 4 €
Ö: Di-Fr 10-18, Sa/So 11-18 Uhr
M: kk@smb.spk-berlin.de
I: www.smb.museum

KW Institute for Contemporary Art S. 158
Auguststraße 69
Mitte
F: 24 34 59-0
S: Oranienburger Straße, Hackescher Markt
E: 6 €, erm. 4 €
Ö: Di/Mi/Fr-So 12-19, Do 12-21 Uhr
M: info@kw-berlin.de
I: www.kw-berlin.de

L

Labyrinth-Kindermuseum S. 131
In der Fabrik Osloer Straße
Osloer Straße 12
Wedding
F: 800 93 11-50
U: Osloer Straße/ Pankstraße
T: M13, M50
E: 4,50 € (Fr 3,50 €), Gruppen 4 €/Person, Familien 13 €
Ö: Fr/Sa 13-18, So 11-18, Gruppen nach Vereinbarung Di-Do, Schulferien: Mo-Fr 9-18, Sa 13-18, So 11-18 Uhr
M: kontakt@labyrinth-kindermuseum.de
I: www.labyrinth-kindermuseum.de

LesArt S. 152
Berliner Zentrum für Kinder- und Jugendliteratur
Weinmeisterstraße 5
Mitte
F: 282 97 47
S: Hackescher Markt
M: info@lesart.org
I: www.lesart.org

Liberamente Berlin
→ Konzerthaus Berlin

Lido S. 66
Cuvrystraße 7
Kreuzberg
F: 69 56 68 40, 61 10 13 13 (Karten)
U: Schlesisches Tor
Ö: je nach Veranstaltung
E: je nach Veranstaltung
M: info@lido-berlin.de
I: www.lido-berlin.de

Literarisches Colloquium Berlin S. 146
Am Sandwerder 5
Zehlendorf
F: 81 69 96-0
S: Wannsee
M: mail@lcb.de
I: www.lcb.de

Literaturforum im Brecht-Haus S. 147
Chausseestraße 125
Mitte
F: 282 20 03
U: Naturkundemuseum, Oranienburger Tor
M: info@lfbrecht.de
I: www.lfbrecht.de

Literaturhaus Berlin S. 148
Fasanenstraße 23
Charlottenburg
F: 88 72 86-0
U: Kurfürstendamm, Uhlandstraße
B: 109/110/M19/M29
E: 5 €, erm. 3 €
M: literaturhaus@berlin.de
I: www.literaturhaus-berlin.de

Loock Galerie S. 134
Invalidenstraße 50/51
Mitte
F: 39 40 96 850
S: Hauptbahnhof
Ö: Di-Sa 11-18 Uhr
M: info@loock.info
I: www.loock.info

Lorch + Seidel Galerie S. 135
Tucholskystraße 38
Mitte
F: 97 89 39 35
S: Oranienburger Straße
Ö: Di-Fr 13-19 Uhr, Sa 12-18 Uhr
M: info@lorch-seidel.de
I: www.lorch-seidel.de

M

Machmit! Museum für Kinder S. 131
Senefelderstraße 5
Prenzlauer Berg
F: 74 77 82 00
S: Prenzlauer Allee
U: Eberswalderstraße
Ö: Di-So 10-18, Gruppen Di-Fr 8.30-18.00 Uhr, mit Voranmeldung
E: 4,50 €, erm. 3, Familien 14 €
M: info@machmitmuseum.de
I: www.machmitmuseum.de

Magnet Club S. 67
Falckensteinstraße 48
Kreuzberg
U: Schlesisches Tor
E: magnet@magnet-club.de
I: www.magnet-club.de

Mahler Chamber Orchestra S. 60
Hasenheide 54
10967 Berlin
F: 41 71 79-0
E: je nach Veranstaltung
M: mco@mahler-chamber.de
I: www.mahler-chamber.de

Maison de France – Institut Français S. 160
→ Cinema Paris

Märkisches Museum S. 125
Am Köllnischen Park 5
Mitte
F: 308 66-215
S: Jannowitzbrücke
U: Märkisches Museum
B: 147/265
E: 5 €, erm. 3 €
Ö: Di-So 10-18 Uhr
M: info@stadtmuseum.de
I: www.stadtmuseum.de

Martin-Gropius-Bau S. 108
Niederkirchnerstraße 7/Ecke Stresemannstraße 110
Kreuzberg
F: 254 86-0
S & U: Potsdamer Platz
S: Anhalter Bahnhof
B: M29/M 41
E: je nach Veranstaltung
Ö: Mi-Mo 10-19 Uhr
M: post@gropiusbau.de
I: www.gropiusbau.de, www.berlinerfestspiele.de

MaerzMusik S. 170
Berliner Festspiele GmbH
Schaperstraße 24
Wilmersdorf
F: 254 89-218, 254 89-100 (Karten)
Ö: je nach Veranstaltung
E: je nach Veranstaltung

M: maerzmusik@
berlinerfestspiele.de,
tickets@berlinerfest
spiele.de
I: www.berlinerfest
spiele.de

Maxim Gorki Theater S. 10
Am Festungsgraben 2
Mitte
F: 202 21-115 (Karten),
202 21-0
S, U & B: 100, 200,
Friedrichstraße
E: 10-32 €, erm. 9 €
M: ticket@gorki.de
I: www.gorki.de

Maxim Gorki Theater/ Kantine S. 84
Am Festungsgraben 2
Mitte
F: 202 21-382
S, U & B: 100,200,
Friedrichstraße
Ö: tgl. 9-0 Uhr
I: www.gorki.de

Mehringhof-Theater S. 40
Gneisenaustraße 2a
Kreuzberg
F: 691 50 99
U: Mehringdamm
B: M19/140/248
E: Mo-Do 15 €, erm. 10 €,
Fr+So 17 €, erm. 13 €,
Sa 20 €, erm. 15 €
M: mehringhof
theater@gmx.de
I: www.mehringhof
theater.de

Modern Art Sextet S. 58
c/o Klaus Schöpp
Curtiusstraße 77
12205 Berlin
F: 81 29 81 40
Ö: je nach Veranstaltung
E: je nach Konzert
M: info@modern-art-
sextet.de
I: www.modern-art-
sextet.de

[Mosse] Lectures S. 150
Humboldt-Universität
zu Berlin
Unter den Linden 6,
Mitte
F: 20939-777/651
M: info@mosse-
lectures.de
I: www.mosse-
lectures.de

Moviemento S. 90
Kottbusser Damm 22
Kreuzberg
F: 692 47 85
U: Hermannplatz,
Schönleinstraße
E: Di-So 7,50 €, erm.
6,50 €, Mo 5 €
M: post@moviemento.
de
I: www.moviemento.de

Museum Berggruen S. 128
Schloßstraße 1
Charlottenburg
F: 3269-58 15
U: Richard-Wagner-
Platz, Sophie-Charlotte-
Platz
S: Westend
B: 109/M45/309/X9
Ö: Di-So 10-18 Uhr
E: 8 €, erm. 4 €
M: museum-berggruen
@smb.spk-berlin.de
I: www.smb.museum

Museum Europäischer Kulturen S. 126
Besuchereingang
Museen Dahlem
Lansstraße 8
Dahlem
F: 883 01 42 9 (Kasse)
U: Dahlem-Dorf
B: 101/110/X11/X83
E: 6 €, erm. 3 €€
Ö: Di-Fr 10-18, Sa/So
11-18 Uhr
M: mek@smb.spk-
berlin.de, besucher
dienste@smb.spk-
berlin.de
I: www.smb.museum

Museum für Asiatische Kunst S. 110
Lansstraße 8
Dahlem
F: 830 13 82
U: Dahlem-Dorf
B: 101/110/X11/X83
E: 6 €, erm. 3 €
Ö: Di-Fr 10-18, Sa/So
11-18 Uhr
M: besucherdienste@
smb.spk-berlin.de,
oak@smb.spk-berlin.de
I: www.smb.museum

Museum für Kommunikation S. 112
Leipziger Straße 16
Mitte
F: 20 29 40
U: Stadtmitte, Mohren-
straße
B: M48/200
E: 3 €, erm. 1,50 €
Ö: Di 9-20, Mi-Fr 9-17,
Sa/So 10-18 Uhr
M: mfk.berlin@mspt.de
I: www.mfk-berlin.de

Museum für Naturkunde S. 113
Invalidenstraße 43
Mitte
F: 20 93-85 91
S: Nordbahnhof
U: Naturkundemuseum
B: 157/340/245
T: 6/8/13/50
E: 6 €, erm. 3,50,
Familien 11 €
Ö: Di-Fr 9.30-17,
Sa/So 10-18 Uhr
M: ausstellungen@mfn-
berlin.de
I: www.museum.hu-
berlin.de

Museum für Vor- und Frühgeschichte S. 117
Besuchereingang
Neues Museum,
Bodestraße 1-3, F: 32
67-48 40
U: Richard-Wagner-
Platz, Sophie-Charlotte-
Platz
S: Friedrichstraße
B: 109/M45/309/X9
E: 10 €, erm. 5€
Ö: So-Mi 10-18 Uhr,
Do-Sa 10-20 Uhr
M: mvf@smb.spk-
berlin.de
I: www.smb.museum

Museum Knoblauchhaus S. 131
Poststr. 23, Mitte
F: 24 00 20 – 171
Ö: Di, Do, Fr,
Sa + So 10-18 Uhr,
Mi 12 - 20 Uhr
E: frei
U-Bhf. Märkisches
Museum
M: info@knoblauch
haus.de
I: www.knoblauch
haus.de

Museum im Wasserwerk S. 132
Müggelseedamm 307
Friedrichshagen
F: 86 44-76 95
S: Friedrichshagen
E: 2,50 €, erm. 1,50 €
Ö: So-Do 10-16 Uhr
M: info@museum-im-
wasserwerk.de
I: www.museum-im-
wasserwerk.de

Museumsdorf Düppel S. 130
Clauertstraße 11
Zehlendorf
F: 86 21 18 0,
80 49 60 62
B: 118, Clauertstraße
E: 2 €, erm. 1 €
Ö: Do 15-19, So 10-17
Uhr (April bis Oktober)
M: info@dueppel.de
I: www.dueppel.de

musikfest berlin S. 174
Berliner Festspiele
GmbH
Schaperstraße 24
Wilmersdorf
F: 254 89-244,
254 89-100 (Karten)
U: Spichernstraße
E: je nach Veranstaltung
M: musikfest@berliner
festspiele.de, tickets@
berlinerfestspiele.de
I: www.musikfest-
berlin.de

Musikinstrumenten-Museum S. 127
Tiergartenstraße 1/
Eingang Ben-Gurion-
Straße
Tiergarten
F: 25 48 11 78
S & U: Potsdamer Platz
B: M48/200
E: 4 €, erm. 2 €
Ö: Di/Mi/Fr 9-17, Do
9-22, Sa/So 10-17 Uhr
I: www.sim.spk-berlin.de

N

Neue Gesellschaft für Bildende Kunst S. 161
Oranienstraße 25
Kreuzberg
F: 61 65 13-0
U: Kottbusser Tor/
Görlitzer Bahnhof
B: M29
E: frei
Ö: Mo-Mi 12-19 Uhr,
Do-Sa 12-20 Uhr
M: office@ngbk.de
I: www.ngbk.de

Neue Nationalgalerie S. 115
Potsdamer Straße 50
Tiergarten
F: 266-26 51,
266-2951
S & U: Potsdamer Platz
B: M48/200/M29/M41
E: 8 €, erm. 4 €
Ö: Di/Mi/Fr/
Sa/So 10-18, Do
10-22 Uhr
E: nng@smb.spk-berlin.
de
I: www.smb.museum

Neuer Berliner Kunstverein S. 161
Chausseestraße
128/129
Mitte
F: 280 70 20
U: Oranienburger Tor
E: frei
Ö: Di-So 12-18,
Do 12-20 Uhr
M: nbk@nbk.org
I: www.nbk.org

Neues Museum S. 117
Bodestraße 1
Mitte
F: 26 63 66 0
U: Friedrichstraße
S: Hackescher Markt
I: www.smb.spk-berlin.
de

Neues Tempodrom S. 167
Möckernstraße 10
Kreuzberg
F: 69 53 38 85
(Karten)
S: Anhalter Platz
U: Möckernbrücke
B: M29, M41
E: je nach Veranstaltung
M: info@tempodrom.de
I: www.tempodrom.de

neugerriemschneider S. 135
Linienstraße 155
Mitte
F: 28 87 72 77
U: Rosenthaler Platz
Ö: Di-Sa 11-18 Uhr
I: www.neuger
riemschneider.com

Neuköllner Oper S. 32
Karl-Marx-Straße
131-133
Neukölln
F: 688 90 70,
68 98 07 77 (Kasse)
S: Neukölln
U: Karl-Marx-Straße
E: je nach Veranstaltung
12-21€, erm. 9 €
I: www.neukoellner
oper.de

O

Orchester der Deutschen Oper S. 55
Bismarckstraße 35
F: 343 84 01
S: Charlottenburg

U: 2, Bismarckstraße
Ö: je nach Veranstaltung
I: www.deutscheoper berlin.de

Orchester der Komischen Oper
→ Komische Oper

P

Paris-Bar S. 81
Kantstraße 152
Charlottenburg
F: 313 80 52
U: Uhlandstraße, Zoologischer Garten
Ö: 12-2 Uhr
M: office@parisbar.net
I: www.parisbar.net

Pergamonmuseum S. 118
Berliner Museumsinsel
Eingang Am Kupfergraben 5
Mitte
F: 20 90 55 77
S & U: Friedrichstraße
S: Hackescher Markt
B: 100/147/200/TXL
T: 12, M1, M2, M4, M5, M6
E: 8 €, erm. 4 €
Ö: Mo-Mi/Fr-So 10-18, Do 10-21 Uhr
M: besucherdienste@ smb.spk-berlin.de, ant@smb.spk-berlin.de
I: www.smb.museum

Pfefferberg S. 164
Schönhauser Allee 176
Mitte
F: 44 38 34 36
U: Senefelderplatz
: je nach Veranstaltung
M: pr@pfefferwerk.de
I: www.pwag.net

Polizeihistorische Sammlung S. 132
im Polizeipräsidium Berlin
Platz der Luftbrücke 6
Tempelhof
F: 46 64 99 47 62
U: Platz der Luftbrücke
B: 104/119/184/341
E: 2 €, erm. 1 €
Ö: Mo-Mi 9-15 Uhr
M: phs@polizei.berlin.de
I: www.phs-berlin.de

Puppentheater-Museum S. 132
Karl-Marx-Straße 135
Neukölln
F: 687 81 32
U: Karl-Marx-Straße
E: 3 €, erm. 2,50 €
Ö: Mo-Fr 9.30-15, So 11-16 Uhr
M: info@puppen theater-museum.de
I: www.puppentheater-museum.de

Q

Quasimodo S. 73
Kantstraße 12a
Charlottenburg
F: 312 80 86
S & U: Zoologischer Garten
B: M49
Ö: je nach Veranstaltung
E: je nach Veranstaltung, Konzertbeginn: 22 Uhr
M: info@quasimodo.de
I: www.quasimodo.de

R

RAAB Galerie S. 139
Fasanenstraße 27
Charlottenburg
F: 261 92 17
S & U: Zoologischer Garten
U: Kurfürstendamm, Uhlandstraße
Ö: Mo-Fr 10-19, Sa 10-16 Uhr
M: mail@raab-galerie.de
I: www.raab-galerie.de

Radialsystem V S. 165
Holzmarktstraße 33
Friedrichshain
F: 288 788 50
S & U: Ostbahnhof
E: je nach Veranstaltung
M: info@radialsystem.de
I: www.radialsystem.de

RAW-Tempel S. 168
Revaler Straße 99
Friedrichshain
F: 292 46 95
S & U: Warschauer Straße
E: je nach Veranstaltung
M: info@raw-tempel.de
I: www.raw-tempel.de

Reformbühne Heim & Welt S. 152
Kaffee Burger
Torstraße 58/60
Mitte
F: 28 04 64 95
U: Rosa-Luxemburg-Platz
Ö: Mo bis Do ab 20, Fr,Sa ab 21 bzw. 22, So ab 19 Uhr
E: je nach Veranstaltung
M: tanzwirtschaft@ kaffeeburger.de
I: www.kaffeeburger.de

Renaissance-Theater S. 16
Knesebeckstraße 100
Charlottenburg
F: 312 42 02 (Karten), 31 59 73-0
U: Ernst-Reuter-Platz
B: M45/X9
E: So-Do 12-42 €, Fr/ Sa 14-48 €€
M: tickets@ renaissance-theater.de
I: www.renaissance-theater.de

Rumänisches Kulturinstitut „Titu Maiorescu" S. 160
Königsallee 20a
Wilmersdorf
F: 89 06 19 87
S: Halensee
B: M19, Erdenerstraße
E: frei
Ö: Mo-Fr 9-17 Uhr
M: office@rki-berlin.de
I: www.rki-berlin.de

Rundfunk-Sinfonieorchester Berlin S. 57
Charlottenstraße 56
Mitte
F: 20 29 87 15
U: Stadtmitte
E: je nach Veranstaltung
M: info@rsb-online.de, tickets@rsb-online.de
I: www.rsb-online.de

Russisches Haus der Wissenschaft und Kultur S. 160
Friedrichstraße 176-179
Mitte
F: 20 30 22 51
U: Französische Straße
E: je nach Veranstaltung
Ö: Mo-Fr 10-20 Uhr, Sa-So 12-18 Uhr, Ausstellungen Di-Fr 14-19, Sa/So 12-18 Uhr
M: info@russisches-haus.de
I: www.russisches-haus.de

S

Salon Britta Gansebohm S. 150
im BKA-Theater
Mehringdamm 32-34
Kreuzberg
F: 202 20 07
U: Mehringdamm
B: M29
In der Z-Bar, Bergstr. 2, Mitte
E: 7 €, erm. 5 €
M: britta.gansebohm@ salonkultur.de, info@ bka-theater.de
I: www.salonkultur.de, www.bka-theater.de

Sanatorium 23 S. 72
Frankfurter Allee 23
Friedrichshain
F: 420 211 93
U: Frankfurter Tor
Ö: tägl. ab 17 Uhr
E: aspirin@sanatorium 23.de
I: www.sanatorium23.de

Sammlung Hoffmann S. 135
Sophienstraße 21
Mitte
F: 28 49 91 20
S: Hackescher Markt
U: Weinmeisterstraße
E: 6 €
Ö: Sa 11-16 Uhr (tel. Anmeldung erforderlich)
M: info@sammlung-hoffmann.de
I: www.sammlung-hoffmann.de

Schaubühne am Lehniner Platz S. 12
Kurfürstendamm 153
Wilmersdorf
F: 89 00 20, 89 00 23 (Karten)
U: Adenauerplatz
B: 109/110/M19/M29
E: 7-43 €, erm. 9 €
M: ticket@schaubuehne.de
I: www.schaubuehne.de

Scheinbar Varieté S. 44
Monumentenstraße 9
Schöneberg
F: 784 55 39
S & U: Yorckstraße
B: 104/M19
E: je nach Veranstaltung 7-12 €
M: werner@scheinbar.de
I: www.scheinbar.de

Schlosspark-Theater S. 16
Schloßstraße 48
Steglitz
F: 793 15 15, 70 09 69 15
S & U: Rathaus Steglitz
B: M48/M85
E: je nach Veranstaltung
M: info@schlosspark theater.de
I: www.schlosspark theater.de

Schwarzes Café S. 78
Kantstraße 148
Charlottenburg
F: 313 80 38
Ö: Di-So 0-24 Uhr, Ruhezeit Mo 4-10 Uhr
S: Zoologischer Garten, Savignyplatz
B: M49, Savignyplatz
M: info@schwarzes cafe-berlin.de

Schwules Museum S. 131
Mehringdamm 61
Kreuzberg
F: 69 59 90 50
U: Mehringdamm
B: M19/140
E: 5 €, erm. 3 €
Ö: Mi-Mo 14-18, Sa 14-19 Uhr
M: kontakt@schwules-museum.de
I: www.schwules museum.de

Sisyphos S. 68
Hauptstraße 15
Lichtenberg
T: 21
M: info@sisyphos-berlin.net
I: www.sisyphos-berlin.net

Sophiensæle S. 21
Sophienstraße 18
Mitte
F: 283 52 66 (Karten)
S: Hackescher Markt
U: Weinmeisterstraße
E: je nach Veranstaltung
M: info@sophiensaele.com
I: www.sophiensaele.com

Solistenensemble Kaleidoskop S. 59
Prenzlauer Allee 175a, Prenzlauer Berg
M: info@kaleidoskop musik.de
I: www.kaleidoskop musik.de

Staatsballett Berlin S. 17
Hinter der Katholischen Kirche 1
Mitte
F: 20 60 92 63-0
U: Französische Straße
E: je nach Veranstaltung
I: www.staatsballett-berlin.de

Staatsoper Unter den Linden S. 33
Staatsoper im Schiller Theater, Bismarckstraße 110 , Charlottenburg
F: 20 35 45 55 (Karten), 20 35 44 38 (Besucherservice)
U: Ernst-Reuter-Platz
E: 5-160 €, div. Erm.
M: tickets@staatsoper-berlin.de, besucher service@staatsoper-berlin.de
I: www.staatsoper-berlin.de

Stiftung Neue Synagoge – Centrum Judaicum S. 162
Oranienburger Straße 28/30
Mitte
F: 88 02 83 00
S & U: Friedrichstraße
M: office@cjudaicum.de
I: www.cjudaicum.de

Suicide Circus S.???
Revaler Straße 99
Mitte
S & U: Warschauer Straße
M: martin@suicide-berlin.com
I: www.suicide-berlin.com

Super Nova percussion ensemble
→ Konzerthaus Berlin

T

Tacheles S. 166
Oranienburger Straße 54-56a
Mitte
F: 282 61 85
S: Oranienburger Tor
U: Oranienburger Straße
E: frei
M: office@tacheles.de
I: www.tacheles.de

Tanz im August S. 174
Hebbel am Ufer
Stresemannstraße 29
Kreuzberg
F: 25 90 04 27 (Karten), 25 90 04-0
U: Möckernbrücke/Hallesches Tor
B: M29
E: je nach Veranstaltung
M: info@hebbel-am-ufer.de
I: www.tanzimaugust.de

Tauthaus-Ensemble
→ Konzerthaus Berlin

Theater und Komödie am Kurfürstendamm S. 16
Kurfürstendamm 206-209
Charlottenburg
F: 88 59 11 88
U: Uhlandstraße
B: 109/M19/M29/219
E: Di-Do 13-36 €, Fr-So 17-39 €, erm. 50 %
M: info@komoedie-berlin.de
I: www.theater-am-kurfuerstendamm.de

Theater am Potsdamer Platz S. 46
Marlene-Dietrich-Platz 1
Tiergarten
F: 01805 / 44 44, 259 24 45 55
S & U: Potsdamer Platz
U: Mendelssohn-Bartholdy-Park
E: je nach Veranstaltung
I: www.stage-entertainment.de

Theater an der Parkaue S. 27
Parkaue 29
Lichtenberg
F: 55 77 52-0, 55 77 52-52 (Besucherservice)
S & U: Frankfurter Allee
T: M13, M16, Rathaus Lichtenberg
E: 12 €, erm. 9 €, Kinder bis 12 J. 7 €
M: besucherservice@parkaue.de
I: www.parkaue.de

Theater des Westens S. 42
Kantstraße 12
Charlottenburg
F: 01805 / 44 44 (Karten), 259 24 45 55
S & U: Zoologischer Garten
E: je nach Veranstaltung
I: www.stage-entertainment.de, www.theater-des-westens.de

Theater-discounter S. 24
Klosterstraße 44
Mitte
F: 28 09 30 62
U: Klosterstraße
E: 12 €, erm. 8 €
M: info@theater discounter.de, tickets@theaterdiscounter.de
I: www.theater discounter.de

Theaterhaus Berlin Mitte S. 25
Wallstraße 32 (Haus C)
Mitte
F: 28 04 19 66
U: Märkisches Museum
E: je nach Veranstaltung
M: info@thmb.de
I: www.thbm.foerder band.org

Theater o. N. S. 24
Kollwitzstraße 53
Prenzlauer Berg
F: 440 92 14
U: Senefelder Platz
E: 10 €, erm. 7,50, Kindervorstellungen 4 €
M: info@theater-on.com
I: www.theater-on.com

Theatertreffen Berlin S. 171
Berliner Festspiele GmbH
Schaperstraße 24
Wilmersdorf
F: 254 89-0, 254 89-100 (Karten)
E: je nach Veranstaltung
M: tickets@berliner festspiele.de
I: www.berliner festspiele.de

Theater unterm Dach S. 22
Danziger Straße 101
Prenzlauer Berg
F: 902 95 38 17
U: Eberswalder Straße
T: 2/3/4/20
E: 8 €, erm. 5 e
M: theaterunterdach@gmx.de
I: www.theaterunterm dach-berlin.de

The British Council S. 161
Alexanderplatz 1/Eingang gegenüber der Weltzeituhr
Mitte
F: 31 10 99-0
S: Alexanderplatz
E: je nach Veranstaltung
Ö: Mo–Fr 9-17 Uhr
M: info@british council.de
I: www.britishcouncil.de

The Story of Berlin S. 123
Kurfürstendamm 207-208, Wilmersdorf
F: 88 72 01 00
U-Bhf. Uhlandstraße, Bus M19, M29
E: 10 €, erm. 8 €, Kinder (6-13 J.) 5 €
M: info@story-of-berlin.de
I: www.story-of-berlin.de

Thikwa Theater S. 24
Fidicinstraße 40
10965 Berlin
F: 691 12 11, 614 64 67
U: Platz der Luftbrücke
B: M19, Mehringdamm, 104, Platz der Luftbrücke
E: je nach Veranstaltung
M: tickets@thikwa.de
I: www.thikwa.de

TIPI am Kanzleramt S. 36
Große Querallee
Tiergarten
F: 39 06 65-0, 0180 / 327 93 58 (Karten)
S: Unter den Linden, Hauptbahnhof
B: 100
E: je nach Veranstaltung
M: info@tipi-das-zelt.de
I: www.tipi-am-kanzleramt.de

Tisch – Theater im Schokohof S. 24
Ackerstraße 169-170
Mitte
F: 44 10 00 9
U: Rosenthaler Platz
M: post@tisch2009.de
I: www.tisch2009.de

Titania-Palast S. 90
Gutsmuthstraße 27/28
Steglitz
F: 0180 / 50 50 520
S: Feuerbachstraße
U: Walther-Schreiber-Platz
B: M48/186
E: 6,90-8,90 €, Kinder 4,50-6 €
M: Titania.berlin@cineplex.de
I: www.titania.de

Toni S. 91
Max-Steinke-Straße 43/Antonplatz
Weißensee
F: 92 79 12 00
T: M4, M13, 12
E: Mo+Do 5 €, Di/Mi/Fr-So 7, erm. 5,50 €€
M: kontakt@kino-toni.de
I: www.kino-toni.de

Topographie des Terrors S. 120
Niederkirchnerstraße 8
Kreuzberg
F: 25 45 09 50, 25 45 09-55
S & U: Potsdamer Platz
S: Anhalter Bahnhof
E: frei
Ö: Okt.-April tgl. 10-18 bzw. bei Dunkelheit, Mai-Sept. tgl. 10-20 Uhr
M: ausstellung@topographie.de
I: www.topographie.de

Tresor S. 68
Köpenicker Straße 70
Mitte
U: Jannowitzbrücke
Ö: Club Mi/Fr/Sa ab 0 Uhr
E: 5-15 €
M: club@tresorberlin.de
I: www.tresorberlin.de

Trust Bar S. 72
Torstraße 72
Mitte
U: Rosa-Luxemburg-Platz

Tschechisches Zentrum S. 160
Wilhelmstraße 44
Mitte
F: 208 25 92
U: Kochstraße, Stadtmitte
E: je nach Veranstaltung
Ö: Bibliothek Mo 10-13, Di-Fr 14-18 Uhr
M: ccberlin@czech.cz
I: www.czechcentres.cz/berlin

Türkisches Haus S. 161
An der Urania 15
Charlottenburg, Wilmersdorf
F: 23 63 59 31
U: Wittenbergplatz, Nollendorfplatz

U

UCI-Kinowelt Zoo-Palast S. 92
Hardenbergstraße 29a
Charlottenburg
F: 25 41 47 77
S & U: Zoologischer Garten
E: Mo-Do 6,50 €, Fr-So 7,50 €, erm. 4-5,50 €
M: zentrale@uci-kinowelt.de
I: www.uci-kinowelt.de

ufaFabrik Berlin S. 162
Viktoriastraße 10-18
Tempelhof
F: 755 03-0
U: Ullsteinstraße
E: je nach Veranstaltung
Ö: Mo-Sa 10-19, So 14-19, Café ab 10 Uhr
M: info@ufafabrik.de
I: www.ufafabrik.de

V

Vaganten Bühne S. 16
Kantstraße 12a
Charlottenburg
F: 312 45 29
S & U: Zoologischer Garten
B: 100/M45/M49
E: 14-20, erm. 7-10 €
M: info@vaganten.de
I: www.vaganten.de

Volksbühne am Rosa-Luxemburg-Platz S. 14
Linienstraße 227
Mitte
F: 240 65-5, 240 65-777 (Karten)
S: Alexanderplatz
U: Rosa-Luxemburg-Platz
M: info@volksbuehne.de, ticket@volksbuehne-berlin.de
I: www.volksbuehne-berlin.de

VW Veneklasen/Werner S. 142
Rudi-Dutschke-Straße 26
Kreuzberg
F: 816 16 04
U: Kochstraße
Ö: Di-Sa 11-18 Uhr
M: info@vwberlin.com
I: www.vwberlin.com

W

Watergate S. 69
Falckensteinstraße 49
Kreuzberg
U: Schlesisches Tor
Ö: je nach Veranstaltung ab 24 Uhr
I: www.water-gate.de

Weekend S. 70
Alexanderplatz 5
Mitte
U & S: Alexanderplatz
E: je nach Veranstaltung
Ö: Do-Sa ab 20, So ab 15 Uhr
I: www.week-end-berlin.de

White Trash Fast Food S. 71
Schönhauser Allee 6/7
F: 50 34 86 68
U: Senefelderplatz
Ö: Mo-Fr ab 12, Sa & So ab 18 Uhr
I: www.whitetrashfastfood.com

Wilde Renate S. 72
Alt Stralau 20
Strahlau
S: Ostkreuz
I: www.salonzurwildenrenate.de

Wühlmäuse S. 46
Pommernallee 2-4
Charlottenburg
F: 30 67 30 11
U: Theodor-Heuss-Platz
E: je nach Veranstaltung
M: info@wuehlmaeuse.de
I: www.wuehlmaeuse.de

X

Xenon S. 92
Kolonnenstraße 5
Schöneberg
F: 78 00 15 30
U: Kleistpark
E: Do-Mo 6 €, Kinotag Di 4, Mi 4,50 €
M: service@xenon-kino.de
I: www.xenon-kino.de

Y

Yorckschlösschen S. 74
Yorckstraße 15
Kreuzberg
F: 215 80 70
U: Mehringdamm
B: M19
Ö: Mo-Sa 17-3 Uhr, So ab 10 Uhr
M: info@yorckschloesschen.de
I: www.yorckschloesschen.de

Z

Zak/Branicka S. 144
Lindenstraße 35
Kreuzberg
F: 61 10 73 75
U: Kochstraße
Ö: Di-Sa 11-18 Uhr
M: mail@zak-branicka.com
I: www.zak-branicka.com

Zille Museum S. 130
Propststraße 11
Mitte
F: 24 63 25 00
S: Alexanderplatz, Hackescher Markt
U: Klosterstraße
Ö: Nov.-März tgl. 11-18, Apr.-Okt. tgl. 11-19 Uhr
E: 6 €, erm. 5 €
M: mail@zillemuseum-berlin.de
I: www.heinrich-zille-museum.de

Zitty Leserlounge S. 152
im Monarch, Skalitzer Str. 134, Kreuzberg
F: 29 02 14 80 02
Ö: jeden 2. Do/Monat um 20 Uhr
U-Bhf. Kottbusser Tor
E: 6 €
I: www.zitty.de

Zitty Leserlounge für Kinder S. 152
Buchbox!, Kinderbühne, Lette Str. 5, Prenzlauer Berg
F: 43 65 90 91
E: frei
I: www.zitty.de

Zwiebelfisch S. 79
Savignyplatz 7-8
Charlottenburg
F: 312 73 63
S: Savignyplatz
Ö: tgl. 12-6 Uhr
I: www.zwiebelfisch-berlin.de

Impressum

Verleger und Herausgeber
Helmut Metz

Autoren:
Friedhelm Teicke (Hauptautor), Martin Hildebrandt und Matthias von Viereck. Die Texte der Rubriken Journal, Theater, Musik, Künstlertreffs, Kinos, Literatur und Locations verfasste Friedhelm Teicke, die Texte Galerien Matthias von Viereck und das Kapitel Szene Martin Hildebrandt. Die Rubriken Museen, Institutionen und Durchs Jahr sind ein Gemeinschaftsprodukt der Autoren und des Chefredakteurs.

Gestaltung:
Tom Unverzagt

Bildredaktion:
Anthea Schaap

Anzeigen:
Helmut Metz Verlag
Tel. 040/27 93 25 0
Fax 040/27 98 11 4

Freie Vertretungen Italien
Meike Detleffsen-Belloni
Media & Service International srl
Via Giotto 32
I-20145 Milano
Tel. +39 02 / 48 00 61 93
Fax +39 02 / 48 19 32 74
M: meike.belloni@it-media service.com

Verlag:
©2012
Helmut Metz Verlag
Corporate Publications
Hermann-Behn-Weg 1
20146 Hamburg
Tel. 040 / 279 32 50
Fax 040 / 279 81 14
E-Mail: helmut.metz@kulturverfuehrer.de
Internet: www.metz-verlag.com

Kooperationspartner

Deutschlandfunk
Deutschlandradio Kultur
DRadio Wissen
Berlin.de

Bildnachweis
Umschlag Titel (v.l.n.r.): Vorderseite: Nina Straßgütl/ Berlinische Galerie; DHM/ Ulrich Schwarz; Jirka Jansch, 2007/ Martin-Gropius-Bau; Rückseite: Ali Ghandtschi/ Internationales Literaturfestival; Bettina Stöß/ Staatsballett Berlin; Bettina Stöß/ Maxim Gorki Theater; Innenteil: S. 8: Michael Kneffel; S. 9: Katrin Ribbe; S. 11: Bettina Stöß; S. 13: Heiko Schäfer; S. 14: Thomas Aurin; S. 16: Carsten Sander; S. 17: Bettina Stöß; S. 20: Phile Deprez; S. 21: Laura Erber; S. 22: Joe Georgen; S. 23: Beate Höckner; S. 25: Theater Anu; S. 26: Christian Brachwitz; S. 27: Siebbi; S. 28: picture-alliance/ dpa; S. 30: Decca/ Ben Ealovega; S. 31: Monika Rittershaus; S. 32: Matthias Heyde; S. 34: Bernd Uhlig; S. 36: Siebbi; S. 37: Andy Phillipson; S. 39: Ralph Larmann; S. 41: Stage Entertainment; S. 42: Eventpress/ Stage Entertainment; S.43: no domain; S. 44: Bodo Kürbs; S. 45: Thomas Grünholz; S. 49: Berliner Philharmoniker; S. 50: Thomas Bartilla; S. 52: Urban Zintel; S. 54: Christian Nielinger; S. 55: picture alliance ; S. 56: Gunnar Geller; S. 58: Mathias Bothor; S. 59: Sonja Müller; S. 60: Kammerorchester Berlin; S. 62: Arena Berlin; S. 62: picture alliance/ rtn-radio tele nord; S. 64: M Laiacker, kl. Foto: Cookies; S: 65: Kathrin Baumbach; S. 67: Mike Menzel; S. 68: Elérinna Heise, Sisyphos Berlin; kl. Foto u.l.: Willem Thomson; S. 69: watergate; S. 70: Weekend; S. 71: ohne Angabe; S. 72: ohne Angabe; S. 73: Yorckschlösschen, kl. Foto: Till Brönner/ Bam Bam Music; S. 74: Duke im Ellington; S. 76: Katharina Bührer, kl. Foto: picture alliance /Geisler-Fotopress; S. 77: Katharina Bührer; S. 78: Zwiebelfisch; S. 81: E.A.Baur; S. 82: Brigitte Heinrich/ POP EYE; S. 82: Bernd Brundert; S. 83: Jan Bölsche; S. 86: Marian Stefanowski; S. 88: Von der Hydt; S. 89: Siebbi; S. 91: TillF; S. 95: Staatliche Museen zu Berlin/ Foto: Maximilian Meisse; S. 96: Bauhaus-Archiv Berlin/ Foto: Karsten Hintz; S. 97: Staatliche Museen zu Berlin/ Foto: Maximilian Meisse; S. 99: Deutsche Guggenheim Berlin/ Foto: David Heald; S. 100: DHM/ Ulrich Schwarz; S. 102: Alexander Binder; S. 103: Deutsche Kinemathek/ Foto: Hans Scherhaufer; S. 104: Staatliche Museen zu Berlin/ Foto: Maximilian Meisse; S. 105: Staatliche Museen zu Berlin/ Foto: F. Friedrich; S. 106: Maruschka; S. 108: Bundeswehr-Fotos; S. 109: Jüdisches Museum Berlin/ Foto: Jens Ziehe; S. 110: Jirka Jansch, 2007; S. 113: Museum für Kommunikation; S. 114: Museum für Naturkunde, Berlin; S. 116: Staatliche Museen zu Berlin/ Foto: Maximilian Meisse; S. 117: Staatliche Museen zu Berlin. Foto: Achim Kleuker; S. 118: Staatliche Museen zu Berlin/ Foto: Maximilian Meisse; S. 120: Stefan Müller / Stiftung Topographie des Terrors; S. 122: DaliBerlin.de; S. 124: Hau am Checkpoint Charlie; S. 125: DDR Museum, Berlin 2012; S. 126: Staatliche Museen zu Berlin/ Foto: F. Friedrich; S. 127: Staatliche Museen zu Berlin/ Foto: Saturia Linke; S. 129: Nina Straßgütl; S. 130: Sammlung Sternweiler; S. 131: I. Haas, Botanischer Garten und Botanisches Museum Berlin-Dahlem; S. 132: rbb/Thomas Ernst; S. 134: Alison Jacques Gallery and Galerie EIGEN + ART Leipzig, Berlin/ Foto: Uwe Walter, Berlin; S. 135: Stefan Korte; S. 136: C/O Berlin; S. 139: Karin Sander, 2004; S. 140: Alexander Ochs Galleries Berlin/Beijing/ Foto: Kim Keibel; S. 143: ZAK | BRANICKA; S. 144: 401contemporary/ Foto: Marcus Schneider; S. 146: Tobias Bohm/LCB; S. 147: Christian Hippe/ Literaturforum im Brecht-Hau; S. 148/149: André Köhler/ Literaturhaus Berlin; S. 150: Peter Deisinger; S. 152: Cordula Giese; S. 154: mayer.Adk; S.156: Burkhard Peter; S. 158: KW Institute for Contemporary Art/ Foto: Fette Sans; S. 159: Patricia Sevilla Ciordia; S. 160: Claudia Mucha; S. 162: rbb/Daniel Porsdorf; S. 165: Ingo Woesner; S. 167: Arena Berlin; S. 168: Arena Berlin; S. 171: Kai Bienert; S. 172: Manuel Reinartz; S. 173: Brigitte Dummer; S. 174: Hartwig Klappert; S. 175: Ali Ghandtschi; S. 177: Sebastian Bolesch; S. 178: Grzegorz Drygala

Abkürzungen
kl. F. = kleines Foto
o. = oben
u. = unten

Trotz umfangreicher Bemühungen von Seiten des Verlages ist es nicht in allen Fällen gelungen, die Rechteinhaber ausfindig zu machen. Rechtlich nachweisbare Ansprüche sind beim Verlag geltend zu machen.

Druck
Druckhaus köthen GmbH
Köthen

Papier
Gedruckt auf 100g/m2 Galaxi Bulk 1,1f. Vol Naturoffsetpapier

ISBN
978-3-937742-42-7

Redaktionsschluss
12.7.2012

Editorische Notiz

Berlin ist eine schnelllebige Stadt. Während der Arbeit an diesem Buch haben sich in einigen Fällen die Adressen geändert, sind neue Telefonnummern hinzugekommen oder alte gelöscht worden. Einige Adressen mussten schließen, andere haben neu geöffnet. Wenn Ihnen, liebe Leser, also etwas auffallen sollte, was nicht oder in Ihren Augen nicht genügend Beachtung gefunden hat, freuen wir uns über jede Nachricht an den Verlag. Selbstverständlich auch über jeden anderen Kommentar zum Buch.

KONZEPT, REDAKTION, GESTALTUNG

MARTIN HILDEBRANDT

studierte Kulturwissenschaften an der Europa-Universität Viadrina in Frankfurt (Oder) mit Schwerpunkt auf Geschichte und Politik. Nebenher organisierte er Veranstaltungen in Berlin. Er arbeitet als Redakteur beim Berliner Hauptstadtmagazin *zitty* und war bereits unter anderem für den *Tagesspiegel*, die *Elle* und das Stadtmagazin *[030]* tätig. Hildebrandt lebt in Berlin.

HELMUT METZ

Diplom-Volkswirt. Lange Jahre Verlagsleiter von Marktführer-Titeln im gehobenen Special Interest-Bereich. 1995 Gründung seines eigenen Verlages. Herausgeber der digitalen und Print-Ausgaben von *FESTIVALS* und der Reihe der *Kulturverführer* mit den Ausgaben Berlin, Dresden, Düsseldorf, Frankfurt/M., Hamburg, Köln, Leipzig, München, Ruhrgebiet, Stuttgart und Wien. Helmut Metz lebt und arbeitet in Hamburg als Verleger und Medienberater.

ANTHEA SCHAAP

studierte Islamwissenschaften an der FU Berlin und Arabisch in Damaskus. Seit 2012 studiert sie Fotografie an der Ostkreuzschule für Fotografie und Gestaltung in Berlin. 2011 arbeitete sie als freie Bildredakteurin für die Zitty Berlin und arbeitet weiter als freie Fotografin, hauptsächlich in Berlin, wo sie auch lebt.

FRIEDHELM TEICKE

studierte Publizistik (M. A.), Germanistik und Theaterwissenschaften, beteiligte sich an mehreren Berlin-Führern (u. a. *Anders Reisen Berlin*), schrieb und schreibt für diverse Medien, darunter für die *Berliner Zeitung*, den *Tagesspiegel*, *zitty* und das Magazin *Leonce*. Er arbeitet seit 1990 in verschiedenen redaktionellen Funktionen beim Berliner Hauptstadtmagazin *zitty* und ist seit 1998 dort Theaterredakteur.

TOM UNVERZAGT

arbeitet als freier Designer, vorrangig in interdisziplinären Projekten. Seine Arbeiten wurden mehrfach ausgezeichnet, u. a. beim Wettbewerb „Die Schönsten Bücher Deutschlands". Unverzagt lebt in Leipzig.

MATTHIAS VON VIERECK

studierte Nordamerikastudien, Politikwissenschaft und Neuere Deutsche Literatur an der Freien Universität in Berlin. Seit 2003 schreibt er über populäre Musik, Kunst und Film unter anderem für *zitty*, den *Tagesspiegel* und die *Deutsche Presse-Agentur (dpa)*. Er lebt als freier Autor und Journalist in Berlin.